10人以下小企业的财务税务解决方案

韦绪任 著

中国纺织出版社有限公司 | 国家一级出版社
全国百佳图书出版单位

内 容 提 要

近年来，随着国家对创业的鼓励和支持，10人以下小企业不断增多。成立之初，这些小企业普遍存在着从业人员少，经验不足，缺乏完善的管理体系等问题，尤其在财务税务方面，更是缺少科学、合理的管理方法。《10人以下小企业的财务税务解决方案》通过大量案例，一步步为读者详细解读了10人以下小企业应该如何架构自己的财务和税务管理模式，如何进行财务决策、如何进行科学纳税，最终帮助企业经营者合理规避财税风险，节省大量管理成本，从而将企业财税隐患彻底解决。

图书在版编目（CIP）数据

10人以下小企业的财务税务解决方案 / 韦绪任著
.-- 北京：中国纺织出版社有限公司，2021.9
　ISBN 978-7-5180-8459-3

Ⅰ.①1… Ⅱ.① 韦… Ⅲ.① 小型企业—财务管理—研究 ② 小型企业—税收管理—研究 Ⅳ.①F276.3
②F810.423

中国版本图书馆 CIP 数据核字（2021）第 053597 号

责任编辑：刘　丹　　　　特约编辑：陈玉新
责任校对：高　涵　　　　责任印制：何　建

中国纺织出版社有限公司出版发行
地址：北京市朝阳区百子湾东里 A407 号楼　邮政编码：100124
销售电话：010—67004422　传真：010—87155801
http://www.c-textilep.com
中国纺织出版社天猫旗舰店
官方微博 http://weibo.com/2119887771
三河市宏盛印务有限公司印刷　各地新华书店经销
2021年9月第1版第1次印刷
开本：710×1000　1/16　印张：18
字数：266千字　定价：58.00元

序言

近年来，我国的小企业如雨后春笋般不断萌芽，国家对创业的鼓励和扶持成为小企业不断增多这一现象的催化剂。创业能够促进经济发展、提高科技创新、解决就业问题，国家领导人提出的"大众创业，万众创新"口号，鼓励着更多有创新精神的年轻人加入创业队伍。

创业说简单也简单，说困难也困难。我国工商和税务系统推行网络化办公之后，新设立公司办理营业执照和税务登记这些程序上的事都变得简单了。关于企业设立的一般流程、税务登记和发票申领，在本书第 3 章有详细介绍。

成立公司简单，经营好公司就没那么简单了。在竞争日益激烈的环境下，要想在众多新兴企业中脱颖而出，不仅需要竞争力强的核心产品、符合企业自身的发展战略、锐意进取的企业文化，还需要有完善的财务制度和科学的财务管理方法。财务风险和税务风险，是企业在经营过程中的两大风险。小企业成立之初，从业人员少、资金不足，没有一个完善的管理体系，创业者的工作内容偏重于拓展业务、开发客户，而忽略了疏忽管理容易带来的财务风险。对此，本书第 1 章阐述小企业涉及的财务风险，介绍了小企业在经营过程中识别和分析风险的方法，对于小企业在投资、筹资、营运方面可能面临的风险提出应对措施和参考方案。

在我国，无论是大中型企业还是小型企业，都要按照我国税收法律法规的相关规定处理相关涉税事宜。税务风险包括两方面，一方面的风险是企业没有按照税法的规定纳税，从而导致少纳税的结果，给企业带来罚款、滞纳金、征信问题等风险，严重者还将面临刑事处罚。另一方面是企业对税法政策理解不够，没有合理运用优惠政策，从而导致多纳税的结果，给企业带来经济损失的风险。

与财务风险相比，税务风险具有主观性。如果企业主观上对税务风险引起重视，按照税收法律法规的制度处理相关事宜，那么企业就已经规避了大多数的税务风险。一些中大型企业有完善的财务团队，在面对税务风险时有完善的应对措施。而对于小企业，尤其是10人以下的小企业，虽然财务、税务业务简单，但是人员数量有限、人员能力有限，如果小企业的创业者对涉税问题的重视不够，将会带来严重的税务风险。对此，本书第2章介绍了小企业容易涉及的税务风险，并对其中部分税务风险提出了规避建议；第4章介绍了小企业涉及的税种，具体包括增值税、消费税、企业所得税、个人所得税以及部分小税种。

10人以下小企业创立之初，资金往往不那么充足，在每个方面都要精打细算。税款又是一项不能省的支出，因此，合理的税务筹划和财务操作就非常有必要了。本书第6章介绍了如何用纳税筹划、财务操作和税收优惠政策为企业省钱，列举了部分与小企业相关的最新税收优惠政策。旨在使小企业创业者了解税收优惠政策和一些纳税筹划、财务操作方法，能够结合自身情况运用合理合法的节税方法。

财务工作的成果就是财务报表，财务报表反映了企业的财务状况和经营成果。通过对财务报表数据的计算分析，不仅能够对企业财务状况了如指掌，还能够根据以往的财务数据，合理地预测未来的经营情况，帮助小企业创业者做出最优决策。能够看懂财务报表是小企业创业者的一项必备技能。为此，本书第5章介绍了如何解读财务报表，从10人以下小企业主要关注的财务报表项目展开，使读者能够清晰地了解财务报表项目的含义及核算内容，并对资产负债表和利润表进行系统地解读，使晦涩难懂的财务报表数据变成通俗易懂的文字。

本书提供了大量案例，使读者能够更好地理解政策规定，从而有效地应用到实际工作中去。

尽管本书在编写过程中力求精益求精，但是由于作者的能力、经验有限，不妥之处在所难免，还望读者多多指正。

韦绪任

2021 年 2 月

C目录
CONTENTS

第3章　小企业涉及的财税知识

第4章　小企业涉及的常见税种

第5章　小企业财务报表解读

第6章 最省钱的小企业科学纳税方案

第 1 章

小企业涉及的财务风险

1.1 财务风险分析

1.1.1 短期偿债能力

关键词：短期偿债能力　营运资本

短期偿债能力：以流动资产偿还流动负债的能力、反映企业偿付日常到期债务的实力。

营运资本：营运资本是企业可以投入到营运当中的资本量，是企业流动资产减去流动负债的差额。

　　企业的短期偿债能力涉及多个指标和定义，我们先来看一个案例，从中理解它的含义。

实战案例

　　有位男青年名叫小A，他有一套120平方米的住房，小A每月到手工资8000元，需要还房贷3500元，余下的4500元只够维持日常花销。

　　还有位男青年名叫小C，小C每月到手工资也是8000元，小C生活节俭，没有买房子和车子，而是和同事合租在便宜的出租房里，所以小C工作这么多年存下了不少钱。小C的银行账户里有40多万元，其中40万元购买了期限不同的理财产品，只有少量的闲钱供日常生活用。

　　假设小A和小C同时管你借10万元钱救急，承诺过两个月就还，你会借给谁？

　　对于小A，我们就会考虑，小A虽然有一套房，但是每月的工资扣除房贷，就不剩什么了，这10万元，小A怎么还呢？所以，我们不敢把10万元借给小A。

　　对于小C，我们需要询问一下，他投资的理财产品最近什么时候到期，到期收到的金额有没有10万元那么多，如果在2个月之内有将近10万元的理财产品到期，还是可以借给小 C 的。

生活中朋友借钱，我们都需要考虑什么原因借钱，什么时候还，能不能还得上这些问题。案例中对小 A 和小 C 还钱能力的评估，类似于企业短期偿债能力的评估。

企业短期偿债能力，涉及以下几个指标：

1. 营运资本＝流动资产－流动负债

营运资本是流动资产与流动负债的差额。

实战案例

东东枪文化公司当前持有货币资金 20 万元，存货 30 万元，没有其他流动资产，那么东东枪文化公司的流动资产合计就是 50 万元，同时公司还有短期借款 40 万元。那么东东枪文化公司究竟有多少钱可以维持日常运营呢？答案就是 50 万元流动资产和 40 万元流动负债的差额 10 万元。

虽然东东枪文化公司有 50 万元的流动资产，但是这 50 万元的资产中的 40 万元是通过流动负债提供的，可以假设，企业只有 10 万元，但是需要买 30 万元的存货，于是找金融机构借了 40 万元，买完存货还剩 20 万元现金在手里。

◎当衡量企业短期偿债能力的时候，不能仅以流动资产的金额来判断，于是就有了营运资本的概念。

影响短期偿债能力的要素

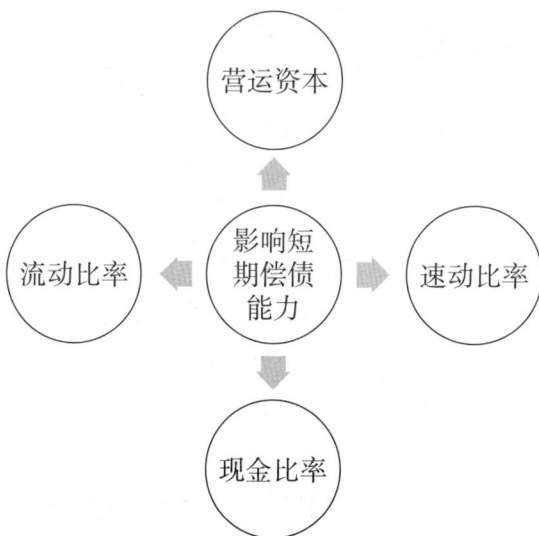

营运资本

影响短期偿债能力

流动比率 速动比率

现金比率

我们只能以 10 万元差额作为衡量短期偿债能力的指标，而不能以 50 万元的流动资产或 20 万元的持有现金，因为负债的 40 万元可能随时要求被偿还。从营运资本的计算公式可以看出，它是一个绝对数，所以不能用于对比规模不同的企业的短期偿债能力。

显而易见，营运资本数额越大，说明企业的短期偿债能力越强；反之，说明企业短期偿债能力越弱。但是企业的营运资本也不是越多越好，如果营运资本太大，导致企业的大部分资金闲置，会使企业错过很多投资赚钱的机会。

2. 流动比率＝流动资产／流动负债×100%

流动资产是企业的资产，包括企业的存货、应收账款、现金等。流动资产与流动负债的比值如果大于2，就说明流动资产的数值大于流动负债，也就是说，流动资产可以支撑流动负债的偿还。与营运资本指标相比，流动比率为相对数，可以用来比较不同规模企业的短期偿债能力。

3. 速动比率＝速动资产／流动负债×100%

流动资产包括企业的存货，而速动资产与流动资产相比，少了存货这一项目。由于存货的变现速度相对其他流动资产比较慢，所以它不计入速动资产。由此可以看出，速动资产更能体现企业短期内能支付的金额，速动比率在用于衡量企业短期偿债能力时，比流动比率更准确一些。与流动比率相同，速动比率也是一个相对数，可以用来比较不同规模企业的短期偿债能力。

4. 现金比率＝货币资金／流动负债×100%

货币资金再一次缩减了流动资产的范围，货币资金与速动资产相比，少了应收账款这一项目，这说明现金比率中分子的流动性比速动比率更快，也更能准确反映企业短期偿债能力。

小企业在日常经营过程中，经常会遇到暂时性资金短缺需要短期借款的时候，企业在向金融企业申请短期借款时，这些指标都是金融企业需要衡量的数据。

那么，小企业该如何增强短期偿债能力呢？

在工作中我们可能会遇到这样一种情况，我们与一家金融机构签订了一项授信协议，金融机构授予我们一定额度的贷款，随时可以借，如果没借款时也不会产生利息，这就是授信额度。

同样，企业授信额度越大，就说明企业随时可以借款的金额越多，这样就能提高企业的资金偿付能力。

但需要提醒读者的是，我们的现状是，小型企业比较难以获得大型金融机构的授信，而中小型金融机构，又存在着较大的不确定性。因此，在实践中，小企业的融资渠道是要比理论上狭窄的。

不过，如果企业的信誉非常好，在同行业中有着较高的声誉，那么，在资金短缺时就相对容易筹集资金。

在这几个短期偿债能力指标中，涉及的资产都是流动资产，如果企业有可以快速变现的非流动资产，在企业需要尽快偿付时，短期内可以变现偿付，这也提高了企业的短期偿债能力。

我们知道了如何提高短期偿债能力，那么，什么原因会导致企业短期偿债能力下降呢？最重要的原因就是企业的信用，信用好的企业会进入一种良性循环，信用越好越容易筹集资金；相反，信用差也会进入一种恶性循环。

除了信用原因，与担保有关的事项也会降低企业的短期偿债能力。因为担保事项对企业来说，可能会面临一笔支出，虽然是不一定发生的事项，但是仍成为重要的考虑因素。

企业的短期偿债能力虽然不会引起破产的风险，但是对日常经营的现金流仍有重要影响，企业应该对这几个相关指标引起重视，尽量避免因短期资金短缺造成经济损失。

财务总监说

小企业的流动负债，一般来自同业企业、小型金融机构或创办人的个人关系，虽然金额不会太多，但变动性往往较大，可能随时会被要求清偿，因此短期偿债能力的高低，本质上就是小企业经营风险的强弱。短期偿债能力太低，意味着企业面临着随时破产或经营困难的风险。

1.1.2 长期偿债能力

关键词：长期借款　资产负债率

长期借款： 归还周期在一年（不含）以上的借款。

资产负债率： 资产负债率又称举债经营比率，它是企业期末负债总额除以资产总额的百分比。

长期借款和短期借款的区别在于借款期限不同。长期借款根据借款协议约定的还款方式和还款期限的不同，可以分为先付利息、到期一次还本金、等额本息、等额本金等多种方式。

对于房贷我们应该都不陌生，假如房贷本金为 40 万元，贷款 30 年，按基准利率 4.9% 计息，选择等额本息还本方式，也就是在 30 年中每月支付相同金额的月供，月供中既包括本金也包括利息。算下来，30 年需要还款的总金额将近 80 万元，也就是说需要偿还差不多和本金相同的利息。

实战案例

因为在所在领域做出了成绩，东东枪公司获得了向政府申请定向低息贷款资格。这种低息贷款的特点是利息低、还款时间长。但是政府对于企业还款能力的审核还是非常严格的。东东枪的老板想要了解，政府要从哪些角度审核公司的还款能力呢？

小企业进行长期贷款和房贷也有很多相似之处。由于长期借款的期限长，所以小企业要偿付的不仅是本金，往往还需要偿付高昂的利息。所以长期偿债能力是衡量小企业在进行长期借款时，能否按期偿还本金和利息的能力。

衡量还本能力的几个指标如下：

1. 资产负债率＝总负债／总资产 ×100%

企业的总资产包括流动资产和非流动资产，由于是衡量长期还本能力，就不能像衡量短期偿债能力那样，只考虑流动资产了。分子总负债包括流动负债和非流动负债，不仅包含短期借款和长期借款，也包含一些经营性负债，例如应付职工薪酬、应付账款等。

资产负债率是一个广义的衡量长期偿债能力的指标，资产负债率越大，说明总负债占总资产的比重越大，长期偿债能力就差。资产负债率越小，说明总资产能够负担总负债的金额越多，长期偿债能力越好。

资产负债率是一个相对数的指标，能够对比衡量不同企业的长期偿债能力。需要注意的是，资产负债率也不是越低越好。我们知道，企业的资产一部分来自自有资产，也就是投资者投入的资金；另一部分通过负债取得，企业通过负债来进行资本运营，投资经营项目，以达到盈利的目的。如果资产负债率过小，说明企业融资能力较差，另一方面也说明企业投资能力较差。

对于小企业而言，要根据自身所处行业，设定一个合理的资产负债率，既要充分利用资金运营，为企业创造价值，也要注意尺度的把握，将资产负债率维持在合理的范围内，以免减弱长期偿债能力。

2. **长期资本负债率＝非流动负债／（非流动负债＋股东权益）×100%**

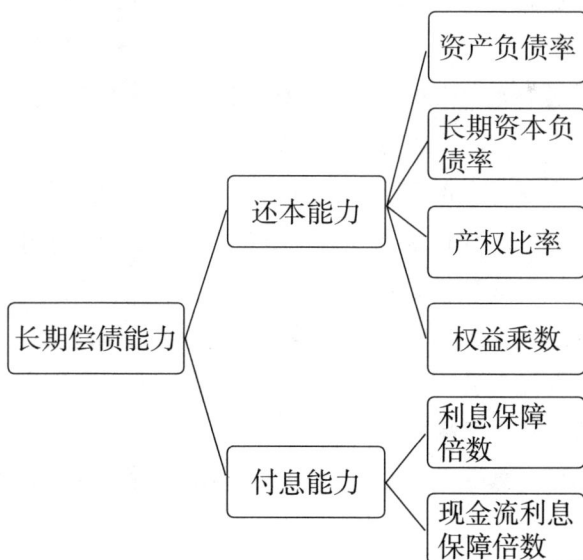

长期资本负债率与资产负债率相比，剔除了短期负债和经营负债的影响，比资产负债率衡量长期偿债能力的还本指标更为准确。

非流动负债比流动负债稳定，长期资本负债率的分母为非流动负债与股东权益之和，这个数据体现了企业长期资本的来源。

我们换个方式表述更易理解。非流动负债和股东权益相比，如果非流动负债的比重大于股东权益，也就是企业长期借的钱比股东出资的钱多，那么长期资本负债率相对高一些，长期偿债能力相对弱一些；如果非流动负债的比重小于股东权益，也就是企业长期借的钱比股东出资少，股东投资的金额就足够偿还长期借款的本金，那么长期资本负债率相对低一些，长期偿债能力相对强一些。

企业的资产负债表中，长期借款的金额，为长期借款的本金，不包括利息，所以上两个指标仅用于偿还本金能力的衡量。

3. 产权比率＝总负债／股东权益 ×100%

我们都知道，会计的恒等式为"资产＝负债＋所有者权益"，这个恒等式反映出一个内涵，企业资产来源于负债和所有者权益。也就是说，企业需要花费金钱来取得相关资产。这部分钱是从哪来的？一部分是所有者权益提供，即通过实收资本（股本）或者未分配利润来提供；另一部分通过负债来提供，也就是短期借款或长期借款等，通过借钱来购买企业所需的资产。

产权比率是总负债和股东权益的比值，原理与长期资本负债率类似，如果提供总资产的总负债大于股东权益，说明企业借的钱大于自有的钱，那么产权比率相对来说大一些，长期偿债能力相对弱一些。如果提供总资产的总负债小于股东权益，说明企业自由的钱比较多，长期偿债能力相对强一些。

4. 权益乘数＝总资产／股东权益 ×100%

将会计的恒等式代入权益乘数公式，权益乘数＝（总负债＋股东权益）／股东权益，即权益乘数＝产权比率＋1。

从公式可以看出，权益乘数和产权比率是同方向变化的，如果产权比率提高了，相应的权益乘数也就提高了，反之亦然。

衡量付息能力的几个指标如下：

1. 利息保障倍数＝息税前利润／利息费用＝（净利润＋利息费用＋所得税费用）／利息费用

息税前利润指的是没扣除利息和所得税之前的利润，也就是净利润加上利息费用和所得税费用。为什么不用净利润做分子，因为这个指标是用来衡量付息能力的，净利润是付完利息的剩余利润，没有计算的意义。

这个指标理解起来很简单，就是计算企业的收入扣除成本费用所得到的息税前利润能否支付得起利息费用。如果息税前利润大于利息费用，即利息保障倍数大于1，说明企业可以负担利息；反之，说明企业负担不了利息费用，付息能力差。

2. 现金流量利息保障倍数＝经营活动现金流量净额／利息费用

我国企业采用权责发生制来进行会计记账，而不是收付实现制，这就说明企业的收入里可能存在一部分金额并没有实际收款，从而说明息税前利润中可能存在部分金额并没有现金流量，虽然企业盈利，但是货币资金并未收到。即使用息税前利润计算的利息保障倍数结果大于1，也不能说明企业有足够的能力偿还利息。

而现金流量利息保障倍数的分子是经营活动现金流量净额，这项数据是企业经营活动现金收入与经营活动现金支出的差额，净额就是企业可以用来实际支付的现金，用现金流量利息保障倍数衡量企业的付息能力更为准确。

衡量小企业长期偿债能力的指标除了以上几项，还包括长期租赁、债务担保和未决诉讼这几个因素。企业想要提高长期偿债能力，需要做好资产与负债的配置，将这些指标控制在合理的范围内，既能保证长期偿债能力，又能保证企业经营效益。

如果企业的长期还本能力出现问题，可能会造成企业破产的风险，付息能力出现问题，可能会影响企业的信用以及经营活动中现金流量的问题。所以，企业应当重视长期偿债能力指标，合理配置债资比。

对于 10 人以下小企业来说，获得长期借款其实并不容易，但是，作为企业的管理者，了解自身的长期偿债能力，仍然可以帮助你判断企业的财务状况是否安全，资本结构是否合理。

财务总监说

1.1.3 营运能力

关键词：存货　应收账款

存货： 存货是指企业日常活动中持有以备出售的在产品、产成品、半成品、材料、物料或商品等。

应收账款： 企业应向购买商品或服务单位收取的款项，也包括应由购买单位或接受劳务单位负担的税金、代垫付的包装费及各种运杂费等。

小企业本质上是通过资产赚钱，我们通过个几个简单的例子来说明。企业购进的存货是企业的资产，企业通过将资产出售，就能够换来收入。企业购进一台生产设备，成为企业的固定资产，通过生产设备可以生产出产品，销售产品为企业带来收入。衡量企业拥有的资产的周转能力的指标，就是营运能力指标。

具体指标如下：

1. 应收账款

应收账款周转次数＝营业收入 ÷ 应收账款平均余额

应收账款周转天数＝365÷应收账款周转次数

应收账款周转次数也就是应收账款周转率，分子是营业收入，分母是应收账款平均余额。采用平均余额计算应收账款，是因为企业的生产经营周期不同，不能只按期末余额进行计算。有些季节性经营特征显著的企业，销售旺季集中在年中，年初年末

实战案例

东东枪公司 2019 年的营业收入为 100 万元，应收账款平均余额为 20 万元，应收账款周转次数＝100÷20＝5，也就是说明应收账款在 2019 年周转了 5 次。

假设期初有应收账款 20 万元，于 3 月收回，4 月又产生应收账款 20 万元，于 5 月收回，以此类推。东东枪公司的应收账款周转天数＝365÷5＝73。

当然，这项指标只是一个平均数，按年计算平均 73 天周转一次，但东东枪公司在实际经营时可能其中有的应收账款半年才收回，有的应收账款 1 个月就收回来了。

销售金额很少，那么就要采用月平均余额计算。如果季节性经营特征不明显，也可以用年初和年末平均余额来计算。

通过案例我们理解了指标的含义，应收账款周转次数越多，天数越短，说明企业营运能力越强，反之，应收账款周转次数越少，天数越长，说明企业可能有大额的应收账款很久未收回，不利于企业良性运营。

当然应收账款周转次数也不是越多越好，具体情况要根据企业自己来决定。有些企业以赊销为主，应收账款周转次数可能少一些，因为赊销占的比重大，分子应收账款平均余额就

实战案例

西西谷公司存货账面价值100万元，2020年西西谷实现销售收入300万元，营业成本200万元。

西西谷公司为了评估资产的变现能力，计算存货的周转次数＝300÷100＝3，存货的周转天数＝365÷3≈121。计算的指标说明，西西谷的存货每121天可以周转一次，一年可以周转3次。

西西谷为了评估存货管理业绩，计算存货的周转次数＝200÷100＝2，存货的周转天数＝365÷2≈182。计算的指标说明，西西谷企业的存货每182天可以周转一次，一年可以周转2次。

大。如果赊销能够比现销带来更多的收入，企业可以选择赊销，并不能仅根据指标数值评价营运能力，还要考虑综合业绩。

如果企业的赊销收入和现销收入能够分开核算，应当优先使用赊销收入来计算应收账款的周转次数。原因是应收账款是由于赊销产生，现销不应包括在内，但是由于企业核算原因实在无法分开核算的，就采用利润表上的营业收入金额计算。

2. 存货

$$存货周转次数＝营业收入÷存货$$

或

$$存货周转次数＝营业成本÷存货$$

$$存货周转天数＝365÷存货周转次数$$

存货的周转次数有两个计算公式，以营业收入作为分子的计算公式，是为了评估资产的变现能力，以营业成本为分子的计算公式，是为了评价存货的管理业绩。

两个公式计算的结果并不相同。评估资产的变现能力时，企业付出的是资产，得到的是收入，收入的金额是包含利润的，所以做变现能力的评估，不能以营业成本作为分子，应当以营业收入计算。当企业评价存货管理业绩时，考虑的只是存货管理的问题，并不涉及变现，所以应当以营业成本作为分子。

3. 总资产

$$总资产周转天数 = \sum 各项资产周转天数$$

式中：$\sum$——数字总和符号

企业的每一项资产，都可以采用"营业收入 ÷ 某项资产"的公式计算周转次数，本书只是列举了有代表性的应收账款和存货。

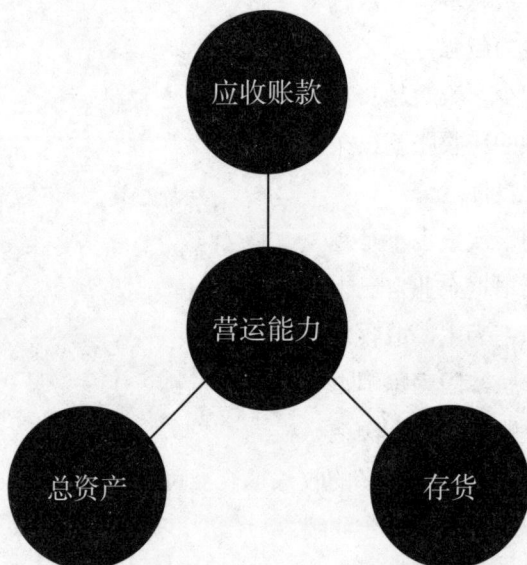

将企业的所有资产都分别计算周转次数和周转天数，将各项资产周转天数求和，就可以得到总资产周转天数。总资产周转天数，用来评价企业总体的营运能力。

企业的营运能力是企业经营的重要指标，能够帮助企业对其拥有的资产所能创造的价值进行评估。

通过对各个资产周转次数的计算，可以评估出企业盈利能力差的资产和盈利能力强的资产。企业应当就评估结果进行分析，处置一些盈利能力差的资产，以避免企业的运营风险。

实战案例

西西谷目前有两个选择：

1. 花费 200 万元取得一项生产设备 A，该生产设备每年能给企业创造收入 20 万元；

2. 花费 100 万元取得一项生产设备 B，该生产设备每年能给企业创造收入 15 万元。

假设两个设备使用年限相同，在这个问题上，我们可以用资产的周转次数指标来衡量。假设设备 A 和设备 B 都作为西西谷的固定资产核算。

生产设备 A 的周转次数 ＝ 20÷200 ＝ 0.1

生产设备 B 的周转次数 ＝ 15÷100 ＝ 0.15

设备 B 的计算数值大于设备 A，我们可以评价为设备 B 的营运能力更强。

财务总监说

营运能力，简单来说就是企业的快速运转能力。对于 10 人以下小企业来说，因为缺乏重资产，只有快速运转起来才能保证存续和发展，因此如果营运能力过低，企业的经营者就要考虑准备一些流动资金，以备不时之需。

1.1.4 盈利能力

关键词：净利润　盈利能力

净利润：净利润是指企业当期利润总额减去所得税后的金额。

盈利能力：盈利能力是指企业获取利润的能力，通常定义为一段时期内企业收益数额的多少。

企业的盈利能力可用来衡量企业赚了多少钱，利润表中的净利润不就是企业赚的钱数吗？是不是只看净利润就可以了？

答案是否定的。净利润是一个绝对数，不能仅靠它评价企业的盈利能力。一家投资 2000 万元的企业和一家投资 200 万元的企业，年度净利润都是 20 万元，那么哪个企业盈利能力强呢？显而易见，投资 200 万元的企业盈利能力强，虽然两家企业的净利润相同，但投入资本不同，投资回报率不同。

实战案例

东东枪公司 2019 年共获利 30 万元，西西谷公司 2019 年共获利 40 万元，双方利润皆为税后净利润，那么，我们可以说西西谷公司的盈利能力比东东枪公司的盈利能力更强吗？

所以，当我们衡量一个企业的盈利能力时，不仅要考虑净利润这个绝对数值，还要考虑投入资本、营业收入等数值，计算出一个相对数的指标。

衡量企业盈利能力的几个指标如下：

1. 营业净利率

营业净利率＝（净利润÷营业收入）×100%

分子是净利润，分母是营业收入，计算结果体现了收入中有百分之多少是净利润，是用来衡量盈利能力的基础公式。

2. 总资产净利率

总资产净利率＝（净利润÷总资产）×100%

在企业营运能力分析的时候我们了解到，企业通过资产创造利润。本公式计算的是，企业的总资产能创造百分之多少的净利润，相当于总资产的投资回报比。

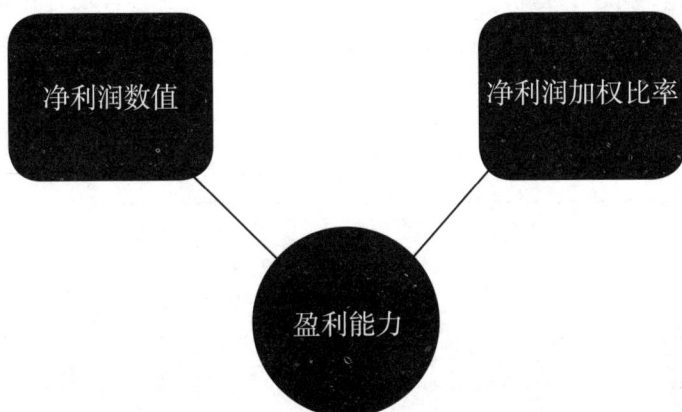

总资产净利率的公式还可以写成：

总资产净利率＝营业净利率×总资产周转次数

此时总资产净利率的驱动因素为营业净利率和总资产周转次数，这两个因素中提高其中一个指标，就能够提高总资产净利率。

3. 权益净利率

权益净利率＝（净利润÷股东权益）×100%

权益净利率表示股东投入的资本能够创造百分之多少的利润，相当于股东的投资回报比。

权益净利率是衡量企业盈利能力的核心指标。企业的形成，就是投资者以盈利为目的，投入资本成立公司，从而取得净利润。企业盈利能力如何，用净利润与股东权益的比值来说明最具有说服力。

权益净利率的公式还可以写成：

权益净利率＝营业净利率×总资产周转次数×权益乘数

从变形的公式中可以看出，权益净利率由营业净利率、总资产周转次数、权益乘数三个因素决定。

营业净利率体现了企业的盈利能力，总资产周转次数体现了企业的营运能力，权益乘数体现了企业的偿债能力，也就是财务杠杆的配置，这三个要素决定了企业的权益净利率。

为了维持一个稳定的权益净利率，也就是每年至少能够给股东带来固定比例的收益，或者持续增长的收益，企业可以通过调节这三个驱动因素来达到目的。如果这三个驱动因素都能够提高，权益净利率同时提高，企业具有较高的盈利能力；相反，如果这三个驱动因素都降低，企业的权益净利率降低，企业将会面临盈利少或亏损的风险。

财务总监说

盈利能力是10人以下小企业的生命线，盈利能力高，意味着企业有前途，也更容易引入外部投资。盈利能力低，意味着小企业在收入或成本的某一环节有所失误，想要获得外部投资也较为困难。

1.1.5 保本分析

关键词：固定成本　变动成本　利润

固定成本：指成本总额在一定时期和一定业务量范围内，不受业务量增减变动影响而保持不变的成本。

变动成本：指成本总发生额在相关范围内随着业务量的变动而呈线性变动的成本。

实战案例

西西谷公司经理一大早就把会计小王叫到办公室，说道："小王啊，自从疫情暴发，公司的经营受到了不少影响，你给我计算一下，咱们公司这个月销售多少才能不亏钱啊？"小王答道："经理，咱们公司每个月房租成本、生产设备成本、人员的固定工资大概40万元，销售商品的材料和浮动人工成本率大概是60%，所以咱们公司这个月得销售100万元才能保本呢！"

小企业在日常经营中，企业老板经常会考虑到的问题就是取得多少销售收入才能保本，就像案例中的经理一样。

对小企业进行保本分析，首先要清楚以下几个概念：

1. 固定成本

固定成本顾名思义就是固定不变的成本，企业有销售收入需要支付一定金额的固定成本，当企业没有销售收入的时候，也要支付同样金额的成本，固定成本不随企业生产销售的情况变化而变化。

例如案例中的房租，企业租用的厂房或者办公室，无论企业经营的如何，房东都会照收房租。还有企业的生产设备，假如企业采用年限平均法计提生产设备的折旧，那么无论企业是否生产销售，每年计提的折旧是固定的，也属于固定成本，如果企业采用工作量法计提生产设备的折旧，那么这部分费用就不是固定成本了。

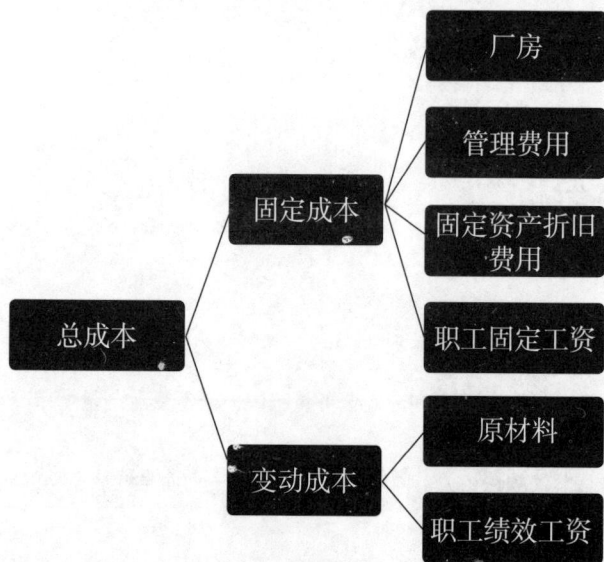

```
                                    ┌─────────┐
                              ┌─────│   厂房   │
                              │     └─────────┘
                              │     ┌─────────┐
                              │─────│ 管理费用 │
                    ┌─────────┐     └─────────┐
               ┌────│ 固定成本 │─────│固定资产折旧│
               │    └─────────┘     │  费用    │
               │              │     └─────────┐
    ┌─────────┐│              └─────│职工固定工资│
    │  总成本  │                    └─────────┘
    └─────────┘│                    ┌─────────┐
               │              ┌─────│ 原材料   │
               │    ┌─────────┐     └─────────┘
               └────│ 变动成本 │     ┌─────────┐
                    └─────────┘─────│职工绩效工资│
                                    └─────────┘
```

2. 变动成本

变动成本是指随着生产销售的变化而发生变化的成本，例如案例中所说的材料成本，生产一件商品需要耗用一定数量的材料，不生产就不会耗用相应的材料成本。企业在生产产品时，将材料成本计入产品成本，将产品销售时，结转相应的营业成本，变动成本与生产销售息息相关。

3. 变动成本率

$$变动成本率＝变动成本 \div 销售收入$$

由于企业的变动成本与销售收入相匹配，所以为了简化计算变动成本，引出变动成本率这一概念，已知企业的变动成本率和销售收入，就可以计算出变动成本。

$$变动成本＝销售收入 \times 变动成本率$$

4. 单位变动成本

单位变动成本是每一件产品的变动成本，计算公式为变动成本除以销售数量，由于变动成本率＝变动成本 $\div$ 销售收入，而销售收入＝销售数量 $\times$ 单价，得到如下公式：

$$单位变动成本＝变动成本 \div 销售数量＝单价 \times 变动成本率$$

5. 利润

$$利润＝销售收入－固定成本－变动成本$$

企业的利润为收入减去各种成本的剩余金额，由于销售收入＝销售数量 $\times$ 单价，变动成本＝销售收入 × 变动成本率＝销售数量 × 单价 × 变动成本率。代入利润的计算公式可得：

销售数量 × 单价－销售数量 × 单价 × 变动成本率－固定成本＝

销售数量 ×（单价－单位变动成本）－固定成本

企业处于保本状态，即企业的利润为零，企业的收入恰好能负担企业的各项成本。当利润为零时，利润的计算公式演变为：

0 ＝销售数量 ×（单价－单位变动成本）－固定成本

即

固定成本＝销售数量 ×（单价－单位变动成本）

保本时的销售数量，即保本量＝固定成本 ÷（单价－单位变动成本）

保本时的销售金额，即保本额＝固定成本＋变动成本＝

保本量 × 单价＝单价 × 固定成本 ÷（单价－单位变动成本）

我们重新看一下本小节开头的案例，该公司固定成本为 40 万元，变动成本率为 60%，会计小王是如何计算保本额的呢？

我们设收入为 S，固定成本为 F，变动成本为 V，那么利润＝$S－F－V$。由于变动成本率为 60%，可得 $V＝S×60\%$，代入公式得：

利润＝$S×（1－60\%）－F$

当利润为零时，

$0＝S×（1－60\%）－F$

换算得：

$F＝S×40\%$

解得：$S＝100$

利润的计算公式经过多种变换，看起来有些复杂，但是在实际工作中是非常好理解的。这种计算的原理就是最基本的收入减去成本，如果涉及数量和单价，进行换算即可。

小企业生产经营过程中，应当清楚企业自身的保本量和保本额，根据保本量安排生产和销售。如果达不到保本额，企业就会面临亏损的风险。

企业应该注意的是，在经营旺季或是宏观经济状况好的时候，企业可以在保本量的基础上多生产一些产品，并制定促销策略，以获得更多盈利。

在经济状况差时，或者产品的衰退时期，企业的销售量可能达不到保本量，企业应当考虑缩减成本，例如处置某个不能盈利的生产线，以达到通过节约成本提高利润的目的。

财务总监说

因为抵御风险能力较低，10人以下小企业应该每季度甚至每月进行保本分析，如果连续多月未能实现保本，企业经营者就要考虑以某种方式进行节流减少开支了。

1.1.6　保利分析

关键词：保利量　保利额

保利量：企业实现目标利润所要完成的业务量。

保利额：企业实现目标利润所要获得的业务收入。

前面已经介绍过，保本量和保本额就是使得企业利润为零的数量和金额，那么什么是保利量和保利额呢？

实战案例

西西谷公司经理一大早又把会计小王叫到办公室，说道："小王啊，没想到上个月咱们销售得不错，不但没有亏损还赚了5万元，虽然赚的不多，但是在这个大环境下，我也知足了。小王，你能不能帮我算一下，这个月如果咱们把利润目标定为10万元，应该销售多少才能完成啊？"

小王答道："经理，让我仔细给您算算，上次和您说过了，咱们公司每个月房租成本、生产设备成本、人员的固定工资大概40万元，销售的商品的材料和浮动人工成本率大概是60%，所以咱们公司这个月得销售125万元，才能赚10万元。"

保利量和保利额是指使企业实现目标利润所需完成的业务量和销售额。

还是运用利润计算公式：

利润＝销售收入－固定成本－变动成本＝

销售数量 × 单价－销售数量 × 单价 × 变动成本率－固定成本＝

销售数量 × （单价－单位变动成本）－固定成本

在保本量的计算中，我们将利润设置为0，将已知条件代入公式中，就可以计算出保本量或者保本额。在保利量的计算中，也是运用同样的原理，将利润设置为目标利润，就可以计算出保利量或者保利额。以本小节开头的案例来看看保利量的计算过程。

我们设收入为 S，固定成本为 F，变动成本为 V，那么利润 $= S - F - V$。由于变动成本率为 60%，可得 $V = S \times 60\%$，代入公式得：

$$利润 = S \times (1 - 60\%) - F$$

目标利润为 10，我们将利润 $= 10$ 代入公式：

$$10 = S \times (1 - 60\%) - F$$

换算得：

$$F = S \times 40\% - 10$$

已知：$F = 40$

解得：$S = 125$

企业的生产经营最终目的就是盈利，通过设定目标利润，计算出保利量，有助于企业减少经营风险，达到盈利的目的。保利量和保利额的计算很简单，重要的是通过计算得出的数据进行生产预算、生产安排和销售预算。在实际工作中，企业应当根据自身情况合理配置资源。

财务总监说

10 人以下小企业在一种特殊的情况下会用到保利分析，那就是当企业与外部签订带有"对赌"性质的约定时。此时，企业经营者要时时进行保利分析，以便能够及时调整经营方向。

1.1.7　利润敏感性分析

敏感系数：敏感系数指在其他条件不变情况下,某些关键量发生变化给目标数值带来变动的程度。

在保本分析和保利分析中我们介绍了利润计算公式：

$$利润＝销售收入－固定成本－变动成本＝$$

$$销售数量 \times 单价－销售数量 \times 单价 \times 变动成本率－固定成本＝$$

$$销售数量 \times （单价－单位变动成本）－固定成本$$

从利润计算公式中我们可以看到,影响利润的因素有销售单价、销售数量、单位变动成本、固定成本这几个因素。

利润的敏感性分析,是指当利润的影响因素中其中一个因素变动时,利润会发生多大变动。利润敏感性分析包括影响因素对利润数值上的影响,也包括变动方向的影响。

例如,当其他因素不变,只将单价提高时,收入增加,同时利润也增加,这就说明单价对利润产生正向影响。当其他因素不变,只将固定成本提高时,由于成本提高了,利润减少,说明固定成本对收入产生反向影响。

我们使用敏感系数这个数值指标来衡量：

$$敏感系数＝目标值变动百分比 / 参量值变动百分比$$

假设其他条件不变,将数量提高 5%,提高后的销售数量＝30000×（1＋5%）＝31500（台）。

$$提升销量后的利润＝31500 \times （200－120）－2000000＝520000（元）$$

$$利润的变动百分比＝（520000－400000）÷400000＝30\%$$

$$利润的敏感系数＝30\%÷5\%＝6$$

假设其他条件不变,由于原材料价格上涨,单位变动成本提高 5%,提高后的单位变动成本＝120×（1＋5%）＝126（元）。

单位变动成本提高后的利润＝30000×（200－126）－2000000＝220000（元）

利润的变动百分比＝（220000－400000）÷400000＝-45%

利润的敏感系数＝45%÷5%＝-9

假设其他条件不变，由于生产设备更新改造，固定成本提高5%，提高后的固定成本＝2000000×（1＋5%）＝2100000（元）。

固定成本提高后的利润＝30000×（200－120）－2100000＝300000（元）

利润的变动百分比＝（300000－400000）÷400000＝-25%

利润的敏感系数＝-25%÷5%＝-5

通过案例中的数据，我们对比一下利润对于单价和销量的敏感系数。利润对于单价的敏感系数为13，利润对于销量的敏感系数为6，两个数值都是正数，说明单价和销量都是和利润同方向变化的。再比较两个数值的大小，利润对于单价的敏感系数大于销量的，就说明当单价变动时引起的利润变化更大，利润对单价的变化更敏感。

我们对比一下利润对于固定成本和单位变动成本的敏感系数。利润对于单位变动成本的敏感系数为－9，利润对于固定成本的敏感系数为－5，两个数据均为负数，说明这两个因素和利润呈反方向变化。对比两个数据的绝对值，绝对值越大越敏感，这一点和利润对销量和单价的敏感系数对比原理相同。

实战案例

西西谷公司的经营范围内有代销这一项，公司2019年代销了一种小电子产品，销售单价200元，单位变动成本为120元，固定成本为200万元，2019年，该小家电一共销售了30000台。

西西谷公司2019年在该项目上的利润＝30000×（200－120）－2000000＝400000（元）。

西西谷公司在进行2020年销售预测时，假设其他条件不变，将单价提高5%，提高后的单价＝200×（1＋5%）＝210（元）。

提升单价后的利润＝30000×（210－120）－2000000＝700000（元）。

利润的变动百分比＝（700000－400000）÷400000＝75%。

利润的敏感系数＝75%÷5%＝15。

一般来说，利润对这些参数的敏感系数绝对值大于 1，就说明该因素是敏感因素；利润对这些参数的敏感系数绝对值小于 1，那么就是不敏感因素。对于小企业来说，竞争日渐激烈，保本和保利都是维持经营应当考虑的问题。企业应当清楚利润对各影响因素的敏感系数，有些因素的变动对利润变动影响极大，因素小浮动的变化可能会引起利润由盈转亏。

有些因素又不仅仅是单独对利润造成影响，例如案例中的单价因素，利润对单价的敏感系数为 15，那企业是不是就可以通过无限提高单价来提高利润呢？由于案例中的假设条件是其他因素不变，但是在实际经营中并没有这么绝对，提高单价可能会引起销量的减少，从而在另一方面减少利润。企业应当在熟悉原理的基础上，结合自身情况制定经营策略，规避经营风险。

财务总监说

　　利润敏感分析是小企业经营者必须学会的财务技巧，它告诉你企业的利润源于何处，以便帮你做出正确的生产决策，剔除生产经营过程中与利润无关的业务。要知道，很多小企业之所以发展不起来，原因都是做出了错误的决策，在无用、无利润的事项上浪费了太多资源和精力。

1.2　小企业经营中的财务风险

1.2.1　投资风险

关键词：现值

现值： 指对未来现金流量以恰当的折现率折现后的价值，是考虑货币时间价值因素的一种计量属性。

实战案例

东东枪公司经理叫来财务小刘，说道："小刘啊，这有一个项目，投资100万元，每年能够收回5万元，项目周期是5年，也就是说能赚到25万元。我觉得这个项目不错，你帮我准备一些资料，我打算和张总签协议。"

财务小刘赶忙说道："经理，这个可要再慎重考虑一下啊，您想想，您现在投入100万元，如果不做这项投资而购买稳健的理财产品，是不是还会有一定的利息收益？而且今天100万元可以当100万元用，伴随每年的通货膨胀，100万元可能越来越不值钱了。您得好好评估一下，这项投资是否合适，可不仅仅是你表面上看到赚25万元那么简单啊！"

经理恍然大悟，拍着大腿道："小刘啊，多亏你的提醒，对于这项投资，咱们还需要好好评估一下。"

对于投资活动，最重要的概念就是货币的时间价值，当下的100元和10年以后的100元，哪个在购买力上更强？未来的100元相当于当下的多少钱？这就引出了现值的概念。现值，通俗来讲，就是指未来的现金按照一定的折现率，折合成现值是多少钱。

当企业投资一个项目时，有可能是直接一次性投入，也有可能是分期投入。企业投资付出的金额，就是资金的流出，我们应当将企业投资的金额，按照流出的时点不同，按照一定的折现率，折合成现金流出现值。

同样，企业的投资收入也可能是定期或者不定期流入企业，有可能在投资的前三年都没有收入，在三年之后大量现金收入流入，也有可能是在投资期内均匀取得收入。我们应当根据现金流入的时点不同，将未来现金流入按照一定的折现率折合成现值。

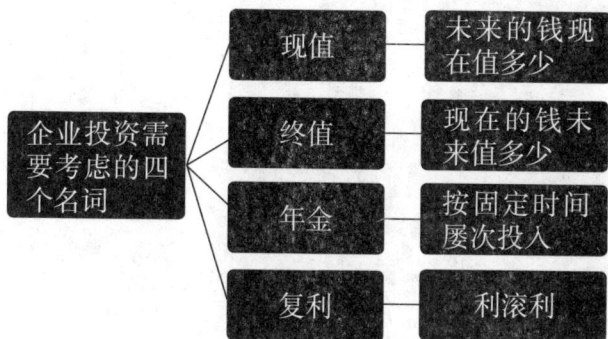

```
                          现值 ——— 未来的钱现
                                   在值多少
企业投资需
要考虑的四 ——       终值 ——— 现在的钱未
个名词                             来值多少
                          年金 ——— 按固定时间
                                   屡次投入
                          复利 ——— 利滚利
```

现金流入的现值减去现金流出的现值，就得到评价投资项目的一个重要指标，即净现值。

净现值＝∑未来现金净流入现值－原始投资现值

如果一个项目的净现值大于 0，说明这个项目是可以为企业带来收益的，企业可以进行投资，如果一个项目的净现值小于 0，说明这个项目不能为企业带来收益，还会减少企业的财富，不能投资。

案例中的东东枪公司经理就是没有计算未来现金流入的现值，而只考虑流入的金额来进行投资决策，这样可能会面临亏损的财务风险。

那么，如果一个企业的资金有限，但是有很多投资项目的净现值都大于 0，在这种情况下，要怎么选择投资项目呢？由此，我们可以看到净现值的一个弊端，净现值是一个绝对数，并没有考虑投入资本的大小，只是拿收益的绝对数额来衡量。为了对比不同规模投资项目哪个更适合投资，我们引入现值指数这个概念。

现值指数＝∑未来现金净流入现值／原始投资现值

现值指数和净现值不同的是，净现值是现金流入现值与流出现值的差额，而现值指数是一个比值，如果现值指数大于 1，相应的净现值大于 0，说明该项投资能够带来收益。当企业评估的几个投资项目的现值指数都大于 1 时，就可以通过比较现值指数的大小来选择。

西西谷公司面前摆着 5 个投资项目，经理让公司财务人员进行评估。经过财务人员的合理估算，A 项目的现值指数为 2，B 项目的现值指数为 1.2，C 项目的现值指数为 1.5，D 和 E 两个投资项目的现值指数都小于 1。

西西谷公司在进行投资决策时，D 和 E 两个现值指数小于 1 的项目不考虑，由于 A 的现值指数最大，说明 A 的投资回报率最高，西西谷公司最终决定选择 A 项目。

就在快要决策时，西西谷的一个财务人员指出："A 项目的项目投资期限是 10 年，C 项目的项目投资期限是 5 年，虽然 A 项目的现值指数大，但是投资年限长，如果企业投资 C 项目，虽然投资回报没有 A 项目多，但是在 5 年结束后，可以再进行其他投资获取收益。"经过这名财务人员的建议，西西谷公司又重新对这些投资项目进行了评估，最终做了科学的选择。

通过案例我们可以看出，现值指数虽然克服了净现值在投资规模上的弊端，但是现值指数本身并未考虑收回投资的时间，而收回投资的时间是进行投资决策必须考虑的项目。为了在进行项目选择的时候考虑投资收回时间的因素，我们引出内含报酬率这一概念。

内含报酬率，是能够使项目未来现金净流量的现值与原始投资额现值相等时的折现率，也就是当净现值为 0 时的折现率。

折现率这个概念，在前面介绍净现值时就提到过，是企业在计算净现值时选择的一个比率，一般为企业要求的最低的投资回报率。

计算净现值时，净现值为未知，折现率和未来各时点的现金流入、流出为已知数，可以求出净现值。当计算内含报酬率时，净现值已知为 0，未来时点的现金流入、流出为已知数，也可以求出内含报酬率。

计算出投资项目的内含报酬率时，要和企业要求的最低回报率对比。如果内含报酬率大于企业要求的最低投资回报率，那么该投资项目可行，反之不可行。

经过西西谷公司的重新评估最终得出如下结论：

A 项目的内含报酬率是 9%，C 项目的投资内含报酬率是 11%。西西谷公司要求的最低投资回报率是 10%，也就是说，无论投资哪种项目，至少要取得 10% 的回报率，西西谷公司才会投资。

显然，A 项目的内含报酬率 9% 小于西西谷公司的最低投资回报率，不予采纳。

财务总监说

　　小企业在对投资项目进行选择时，要充分考虑投资规模、项目期限、投资收益等问题。在项目评估过程中，不仅要考虑数据，还要考虑其他经营风险，如资金是否能收回的财务风险，对方企业诚信问题等信用风险。

1.2.2 筹资风险

关键词：资本成本

资本成本：企业筹集并使用资本需要付出的成本。

对于一些中大型企业来说，筹资的方式有多种选择，例如发行普通股筹资、发行优先股筹资、发行债券筹资以及借款。

但是对于大多数小企业来说，发行普通股筹资、发行优先股筹资、发行债券筹资这些筹资方式都难以实现，小企业的筹资主要是在需要借款多少、借款之间的选择、借款与留存收益之间的选择，是否引入新投资、购买设备还是租用设备等方面进行决策。

企业进行筹资决策时，需要考虑的一个重要的内容是资本成本。资本成本可以简单理解成进行筹资需要的成本，例如企业借款可能产生一些借款费用和借款利息，这些费用就是筹资的成本。在企业进行筹资方案的选择时，要选择资本成本小的方案。

小企业往往并不具备太多资金，当面临新的投资机会时，如果仅靠自有资金，只能望而却步。小企业总是停留在靠自有资金运营的条件下，只能维持基本现状，很难促进生产，所以这个时候就要合理的运用财务杠杆，增加负债的比率，通过筹资以促进企业发展。

东东枪公司因为业务扩大，最近急需一笔流动资金，对此公司经理打算对外筹资。这时候，一家小型金融机构找到公司，声明能够向公司提供一笔数额为30万元的贷款，约定利息为年息13%，并以公司两项无形资产做抵押。经过反复权衡，东东枪最终拒绝了这家金融公司。

在面临需要筹资多少这个问题时，小企业应当对筹措资金的用途做出合理估计，如果是用来发展新的项目，应当对比筹资的资本成本和新项目收益率的大小，如果新项目的收益率大于筹资的资本成本，则应当筹资来促进发展。

在面临选择何种借款的问题时，计算相关借款的资本成本，选择资本成本最小的借款。

企业如果是盈利的，那么必然会有一部分留存收益，也可以转增企业资本。企业使用留存收益转增资本，对于股东来说，就会减少当期分红。

站在股东的角度分析，要对留存收益不分配而转增资本参与经营的收益，和股东取得分红后再进行投资的收益做比较，股东倾向于选择收益大的决策。

但是站在企业的角度分析，企业则需要衡量借款方式的资本成本，还要预测未来的投资回报率，面对较高的回报率，股东更容易将留存收益转增资本或者继续增资。

一些从事生产的小企业，在进行生产设备投资时，会面临经营租赁、融资租赁、出资自行购置设备这几个方案的选择。

经营租赁是指短期的租赁，租赁设备供日常使用并支付租金。融资租赁虽然名字叫租赁，本质上则是一种筹资行为。融资租赁具有租赁期限长、不可撤销等特点，至少符合以下条件之一：

（1）融资租赁在租赁到期时，标的资产的所有权归承租人所有。这跟经营租赁完全不同，经营租赁标的资产的所有权归出租人所有，承租人只拥有租赁期限内的使用权。

（2）融资租赁期满时，承租人可以选择是否购买标的资产，如果选择购买，购买标的资产的价格远远低于标的资产的市场公允价格。所以理性的承租人都会选择购买，本条规定的最终结果，同第一条规定一样，就是标的资产的所有权在租赁到期时，归承租人所有。

（3）一项资产的可使用年限中，大于等于75%的时间都用于此项融资租赁。

（4）融资租赁开始时，其最低租赁付款额的现值大于或等于租赁开始日租赁资产的公允价值的90%。

（5）融资租赁的标的资产，是为了承租人量身定制的，只有承租人才能使用。

从融资租赁的条件中可以看出，融资租赁的本质，是承租人由于缺乏资金却又想购买设备，于是找融资租赁公司，要求融资租赁公司为他购买设备，由承租人在融资租赁期限内，将出租人购买设备的价款连同利息，以租金的形式付给出租人。

　　既然融资租赁是一项筹资活动，那么企业就应该计算其资本成本，并与自行购置或者经营租赁做比较，做出对企业最有利的选择。

　　　　对于小企业来说，面向社会的筹资是最难的事情，唯如此，小企业更应该谨慎，制订稳妥可行的筹资方案，千万不要因为缺钱就贸然踏入筹资雷区，否则无异于饮鸩止渴。

财务总监说

1.2.3　营运风险

营运资本管理：是企业日常经营中涉及的资本管理。通俗来讲，就是解决企业在经营过程中，现金是否充足够用，如果不够了该怎么办，会不会影响运营效率等问题。营运资本管理主要涉及应收账款决策分析、存货决策分析和生产决策分析。

1.2.3.1　应收账款决策分析

应收账款决策分析涉及的内容，主要是对于赊销收入采取何种信用政策的进行选择。我们知道，企业进行赊销与现销相比，会有一定促进销售的作用。同样，赊销时信用期长与较短的信用期相比，也能促进销售。

赊销或者延长信用期，一方面增加了销售收入，另一方面也会使企业面临货款无法收回期限长或者无法收回的风险。对于小企业来说，如果有大量的应收账款无法收回，可能会给小企业造成致命的风险，直接导致小企业资金链断裂，面临破产。因此，对于应收账款的决策分析，小企业更应引起重视。

企业在进行应收账款决策分析时，对于赊销业务中的购买方要考虑以下五个因素：

1. 品质

品质是指购买方的信誉，就像我们评价一个人时说的，这个人的人品怎么样。只有信誉符合标准，才能够有合作的可能性。

2. 能力

这里的能力是指购买方的偿债能力，也就是在前面短期偿债能力和长期偿债能力的小节中，我们计算的那些评估指标。通过偿债能力评估企业是否有足够的资金支撑负债，主要关注流动资产的数量。

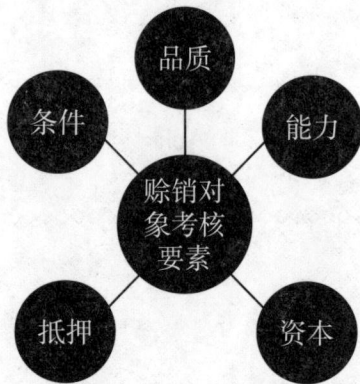

品质

条件

能力

赊销对象考核要素

抵押

资本

3. 资本

这里的资本是指购买的综合实力，虽然购买方是用流动资产偿还债务，但是购买方拥有的一些非流动资产的金额，能为其综合财力提供保障。

4. 抵押

这里的抵押并不是购买方是否存在其他抵押物，而是当购买方没有能力还款时，购买方是否拥有抵押物，可以用来抵偿债务。

5. 条件

这里的条件是指外部条件，也就是决定购买方能否付款的外界因素。假如整个行业呈现经济危机，可能购买方自身并没有问题，但是也无法取得持续的资金流入，那么企业在与其进行销售活动时，尽量选择现销方式。

1.2.3.2 存货决策分析

存货分析决策的主要内容，是指企业应当设置一个合理的存货储备量，既能够维持生产经营，又不过多占用资金并消耗储存成本。

与存货管理有关的成本包括存货的订货成本和存货的储存成本。存货的订货成本是指每次订货时所耗费的费用，存货的储存成本是指存货在储存过程中耗费的费用。两个指标的计算公式如下：

$$订货成本 = 年订货次数 \times 每次订货成本$$

$$储存成本 = 年平均库存 \times 单位年储存成本$$

在进行存货成本估算时，企业要根据生产经营情况估计一个存货的年需求量，年需求量除以订货量的结果，便是年订货次数。年平均库存在进行估算时，以订货量除以 2 来计算，单位年储存成本为已知数。

综上，可以得到订货成本和储存成本两个等式，等式中的未知数都是订货量。企业在进行估算时，要找的是总成本也就是订货成本和储存成本之和最小的订货量，成为经济订货量。当订货成本和储存成本相等时，总成本最小，将两个含有未知数的等式联立，就可以计算出经济订货量。

存货决策分析对小企业的经营至关重要，小企业投入资本少，存货量不大，但是存货在储存过程中又需要占用一定的人工成本和仓储成本。如果将存货维持在很小的量，在企业进行生产时，又容易出现原材料断供的情况，影响企业交货，为企业造成损失。因此找到一个合理的订货量，可以为企业减少存货方面的风险，提高经济效益。

实战案例

西西谷公司一直生产产品A，产品A的利润计算结果为负数，也就是亏损的。公司除了生产A产品，还生产B、C、D等产品。公司的固定成本是不变的，无论是否生产A产品，生产多少A产品，固定成本均保持不变。但是变动成本是随着生产A产品产量变化而变化。

我们假设由于A产品的利润为负数，所以不再生产A产品。那么A产品的销售收入和变动成本两个数值同时为零，但是固定成本还在，不生产A产品后，固定成本依然不变。

1.2.3.3 生产决策分析

生产决策分析是指企业根据分析预测，是否生产某种产品或者是否停产某种产品，以及以何种方式生产等一系列的方案选择。小企业收到投入资本、生产资源、人工资源等限制，并不是一种产品只要能够盈利就可以生产，而是要在多种方案中进行选择，达到生产资源和盈利的最优配置组合。

对于小企业来说，生产决策分析主要包括以下几个方面：

1. 亏损产品是否停产的决策

在前面介绍过利润的计算公式，对于单独的某种产品同样适用，我们再来回顾一下利润的计算公式。

利润＝销售收入－固定成本－变动成本

因此，西西谷公司的经理在决定是否停产亏损产品时，要计算亏损产品带来的销售收入与变动成本之差是否为正数，如果为正数，就说明继续生产亏损产品可以带来收益，则继续生产；相反，就会带来损失，应当停产。

2. 零部件自制与外购的决策

关于零部件在自制与外购两个方案进行选择时，企业应当考虑自制和外购的成本，选择成本较低的方案。站在企业长期经营的角度考虑，对于生产专门性产品的企业，外购零部件可能会降低零部件的稳定性，如果外购的零部件在过程中出现问题可能会对企业生产造成影响，从而给企业造成损失。

3. 产品是否应进一步深加工的决策

企业在生产时可能会面临这样一种情况，某种产品的生产经历多个步骤，过程中的半成品在市场中也可以销售。在这种情况下，企业就应当考虑是否要进行进一步深加工，只有当深加工的相关收入大于深加工的相关成本，存在差额利润时，企业才可以选择深加工来增加收益，反之则会减少收益。

财务总监说

对于小企业来说，主要的营运风险其实还是财务制度的不规范，这当中包括财务审查制度和财务使用制度。如果管理者能够认真学习并在工作中贯彻本节的内容，一定能够大幅降低营运风险。

第 2 章

小企业涉及的税务风险

2.1 企业税务风险

2.1.1 税务风险概述

关键词：税法

税法：税法是各种税收法律规范的总称，是税务机关征税和纳税人据以纳税的法律依据。税法包括税收法令、条例、税则、施行细则、征收办法及其他有关税收的规定。

实战案例

实习生小娜向资深会计红姐问道："红姐，在税务处理时，不偷税漏税，按时报税，不少缴税，是不是就不存在税务风险了呢？"

红姐耐心地回答道："税务风险不仅仅是在税务稽查和税务程序方面的风险，咱们公司本身也会面临税务风险。"

小娜疑惑地问道："咱们公司本身怎么会产生税务风险呢？"

红姐解释说："我给你说个例子你就明白了。咱们公司去年来了一个实习生小朱，由于没有工作经验，在计提附加税的时候，按照当月增值税销项税额计提的，还好税务会计在审核的时候发现了这个问题，要不然咱们公司得多交多少税款啊。这就是由于财务人员工作疏忽造成的税务风险，使公司的利益受损。"

小娜恍然大悟："我知道了红姐，看来我要更细心地学习了。"

税务风险是指企业在涉税过程中存在的风险，具体可以概括为两个方面，一方面是与税务机关相关的风险，也就是企业少缴税形成的罚款或者税务处罚；另一方面是企业自身造成的税务风险，是指企业税负过多造成的财产损失风险。

我们都知道，税法对我国每个税种都做了具体规定，包括征税范围、税率、纳税义务人和征收管理。在企业进行税务登记时，由税务机关核定税种，企业根据自身经营情况，对核定税种定期进行纳税申报，并缴纳税款。如果企业都按照税法规定和税务机关的征管程序进行税务处理，那就不存在税务风险。那么，税务风险是怎么产生的呢？

对于 10 人以下小企业来说，由于人手限制，财务制度往往无法完善，财务人员往往配备并不齐全，往往只有一个会计和一个出纳人员，有的企业甚至连出纳人员都没有，老板自己兼任出纳人员。在对税法的理解上，企业的财务人员受能力所限，对税法的各项规定可能很难理解透彻，因此会有与税务机关不同的处理方法，这必然会产生税务风险。

```
                        税务机关 ────── 税务处罚
                      ╱
企业税务风险 ────────
                      ╲
                        企业自身 ────── 税务负担过重
```

会计和出纳不能同一人担任的原因有很多，其中最重要的一个原因是，对于企业，如果会计和出纳是同一个人，财务监督制度就荡然无存了。通俗来说就是，如果会计想要在账目上作假，是没有任何人能够进行监督的。

在小企业日常经营中，经营者们以企业利润最大化为目标，认为缴纳税款是一种支出，而不是自身的义务。而税务机关是以国家税法为依据，遵循税法的强制性原则，为国家增加税收收入。一些小企业的经营者很难从根本上认识到税务风险的重要性，总是想方设法少交税，以此来提高企业的净利润。

我国税法政策不断变化，经常会推出一些新的税收优惠政策和税制的调整。而对于小企业来说，可能无法及时获知这些新的税务政策。有时已经获知了新的税收政策，却不能正确解读并应用到自身工作中来，这样也会形成税务风险。

要想减少税务风险，小企业的老板就需要改变固有的观念，向国家纳税是每个公民应尽的义务，而且国家的税收是建立在有收入的基础上征收的，偷税漏税短期看来是得到了利益，但是长期看来，增加了企业被税务机关稽查、罚款甚至犯罪的风险，不但会使企业在财务上蒙受损失，还会对企业和相关责任人的信用造成严重影响。

实战案例

东东枪公司的办公地址是在当地政府设立的文化产业园中，当地政府在招商的时候曾经承诺一些税收优惠政策，这些优惠政策对东东枪公司的发展提供了很多帮助。但是在2019年年中，中央政府对于地方优惠政策做出了统一性的指导意见，因此该地政府便收回了之前的优惠政策。好在东东枪公司财务人员在税收申报的时候发现了这一问题，通过与政府的及时沟通，调整了报税额度，否则真的会一不小心就变成偷漏税款。

财务总监说

中小企业需要及时关注各种税收细则，尤其是税收优惠政策的变化，一方面可及时享受各种优惠政策，另一方面也可避免因为税收优惠政策变化而导致的漏报、少报税。

2.1.2 税务风险的类型

关键词：发票

发票：发票是指一切单位和个人在发生经济行为时，所开具和收取的业务凭证，是会计核算的原始依据，也是审计机关、税务机关执法检查的重要依据。发票只证明业务的真实发生，不能证明业务涉及款项的收付。

税务风险总体上分为两类，一类是企业少交税面临的处罚风险，另一类是多交税造成的财务损失风险。具体的税务风险类型总结如下：

1. 发票风险

发票是税务机关获知企业真实经营情况的载体，多个税种计税依据的销售额，就是通过发票体现，可想而知如果发票出了问题能够给企业造成严重的税务风险。发票风险主要包括虚开发票风险、接受虚开发票风险、不合规发票风险等。

虚开发票，是指没有业务虚开发票，或者有业务但是在真实金额的基础上多开或者少开一定的金额。虚开发票不仅使企业面临税务机关行政处罚的风险，严重者构成犯罪将面临刑事处罚。

接受虚开发票，如果是企业故意为之，那么接受企业就是以少缴税款为目的，将会面临补缴税款以及行政处罚；如果接受企业是在不知情的情况下善意取得虚开发票，相应的发票金额也不可以用来抵扣税款、抵减费用。

不合规发票，是指发票上公司名称、纳税人识别号、地址电话、开户行信息填写错误或未填写齐全，发票项目名称、规格错误，在要求填写备注栏的发票上未填写备注内容。

2. 征税范围风险

在了解一个税种时，首先要知道这个税种是什么，在什么情况下需要交税，这就是税种的征税范围。当企业发生某项经济行为时，企业要判定其是否符合某税种在征税范围上的规定。如果企业发生某税种的应税行为，却没有就此项业务申报纳税，就会造成少缴税款的税务风险。如果企业对于某税种的征税范围模糊不清，没有正确解读税法的政策规定，将不属于应税范围的业务进行申报纳税就会造成企业多缴税款，造成财产损失。

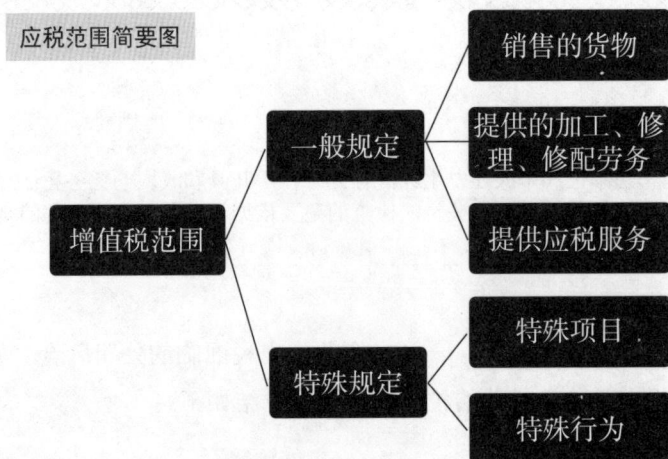

应税范围简要图

- 增值税范围
  - 一般规定
    - 销售的货物
    - 提供的加工、修理、修配劳务
    - 提供应税服务
  - 特殊规定
    - 特殊项目
    - 特殊行为

3. 税率风险

就一些小税种而言，税率相对单一，只要判断是否属于征税范围，选用适当的税率，就可以准确缴纳税款。对于像增值税这一类征税范围广、税率多档、税收优惠穿插其中的复杂税种，就需要企业正确理解并熟悉税法政策，才能准确选择适用税率。税率带来的税务风险也是双向的，一方面企业可能利用税法漏洞，在适用较高税率的情况下选择低税率来逃避税款；另一方面是企业没有正确解读税法政策，在适用较低税率的情况下选择高税率造成企业损失。

实战案例

2020 年上半年，因为疫情影响，国家出台了对中小企业的税收减免政策，统一下调了中小企业的增值税税率。但东东枪公司财务人员小王因为没有参加行业培训，也没有及时了解相关知识，在申报时使用的是未减免的税率，好在税务人员及时发现了问题，为东东枪公司避免了一笔财务损失。

4. 企业核算风险

企业核算是指企业对所有业务的核算，而不仅是对于税款的计算。企业应当就发生的所有业务进行会计核算，核算数据必须真实准确。很多小企业的销售业务可能直接对接消费者，就会存在无票收入的情形，这导致一些小企业在日常账务处理时，设置双重账目。即一套账是仅针对税务机关的账目，收入记载的是开具发票的收入或者加上部分无票收入；另一套账记载的是企业真实经营情况，即全部收入对应全部成本费用。这种隐瞒真实收入从而偷税漏税的行为，税务风险不容小觑。因此小企业更应当重视起来，多了解国家对小企业税收优惠政策，不要因为节省少量的税款而造成不可弥补的大损失。

财务总监说

我国税收管理机构对于小型企业的纳税问题一般采取不举报不重点稽查的原则，但一旦开始稽查，则会被严格对待并严厉处罚，所以即便一家企业五年没有被税务稽查过，也一定不能存有侥幸心理，冒税务风险一定是得不偿失的。

2.2　常见的税务风险

2.2.1　纳税人身份选择风险

关键词：小规模纳税人　一般纳税人

小规模纳税人：小规模纳税人是指年销售额在规定标准（500万元含）以下，并且会计核算不健全，不能按规定报送有关税务资料的增值税纳税人。

一般纳税人：一般纳税人是指年应征增值税销售额超过财政部、国家税务总局规定的小规模纳税人标准的企业和企业性单位。一般纳税人的特点是增值税进项税额可以抵扣销项税额。

纳税人身份选择的风险，主要是针对增值税而言。增值税的纳税人有小规模纳税人和一般纳税人之分。

2018 年 5 月 1 日起，增值税小规模纳税人标准为年应征增值税销售额 500 万元及以下。年应税销售额没有达到规定标准但符合资格条件的，也可登记成为增值税一般纳税人。一般纳税人的资格条件为：能够按照国家统一的会计制度规定设置账簿，根据合法、有效凭证核算，能够准确提供税务资料。

我国一般纳税人和小规模纳税人之间的分水岭是年度 500 万元的销售额，需要注意的是，纳税人达到年度 500 万元的销售额时，必须登记为一般纳税人。如果纳税人没有达到年度 500 万元销售额，但是能够设置符合规定的账簿并有意愿登记为一般纳税人的，也可以登记为增值税一般纳税人。而增值税一般纳税人一旦登记，不能再转回小规模纳税人。

面对可能"一去不回头"的选择题，需要企业慎重衡量。一般纳税人与小规模纳税人各自的优势为：一般纳税人的进项税额可以抵扣。小规模纳税人一方面是征收率 3%，另一方面是小规模纳税人可以享受更多税收优惠。

增值税一般纳税人与小规模纳税人的区别

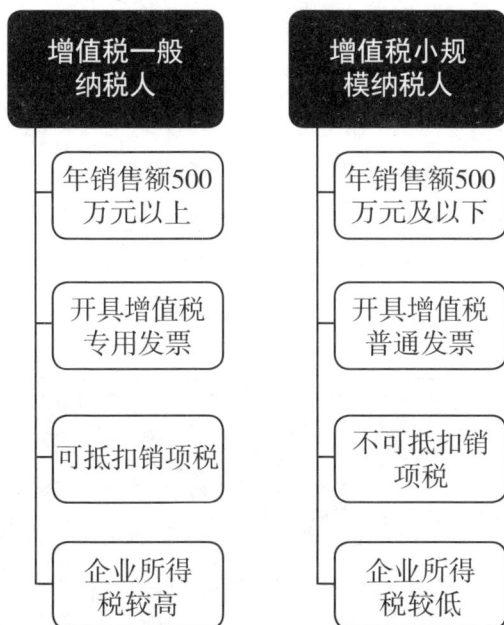

增值税一般纳税人
- 年销售额500万元以上
- 开具增值税专用发票
- 可抵扣销项税
- 企业所得税较高

增值税小规模纳税人
- 年销售额500万元及以下
- 开具增值税普通发票
- 不可抵扣销项税
- 企业所得税较低

实战案例

西西谷公司为增值税一般纳税人，2020年3月从另一个一般纳税人处购进一批货物，取得增值税专用发票注明价款100万元，税款13万元。当月对外销售并开具增值税专用发票注明价款110万元，税款14.3万元。

假设不考虑其他因素，西西谷公司本月交纳增值税＝14.3－13＝1.3（万元）。公司的成本为100万元，收入为110万元，利润＝110－100＝10（万元）。

东东枪公司为增值税小规模纳税人，2020年3月从另一个一般纳税人处购进一批货物，取得增值税普通发票注明价款100万元，税款13万元。当月对外销售收取货款124.3万元。

假设不考虑其他因素，东东枪公司本月交纳增值税＝124.3÷（1＋3%）×3%＝3.62（万元），东东枪的成本为113万元，收入＝124.3÷（1＋3%）＝120.68（万元），利润＝120.68－113＝7.68（万元）。

案例中，两个公司进货付出的总钱数和销售收到的总钱数相同，但是一般纳税人西西谷比小规模纳税人东东枪少交税，还能多获得利润。案例中假设两个公司都是从一般纳税人处进货，西西谷公司能抵扣销项税额，而东东枪公司不能抵扣，只能计入进货成本，因此造成了差异。

从案例中我们不难看出，如果企业的供应商一般纳税人居多，企业也要尽量选择登记为一般纳税人，不然就会出现案例中小规模纳税人多缴税少获得利润的情形。如果企业的供应商的客户中小规模纳税人居多，那么企业登记为一般纳税人就很难取得足够的增值税专用发票来抵扣税款，并且此时企业还应按照一般纳税人税率缴税，而不是按照较低的征收率缴税，这样也会导致企业多交税款。

财务总监说

对于 10 人以下小企业来说，在创办时，增值税小规模纳税人是首选，而成为小规模纳税人也并不意味着一定无法开具增值税专用发票，如果客户有专用发票的需求，小规模纳税人也可以向当地税务机关申请代开，网上也可以办理，手续非常简便。

2.2.2 适用税率风险

关键词：含税金额

含税金额：含税金额指的是包含税金在内的计税价格。这里的税金一般指增值税，增值税属价外税，增值税含税金额计算如下：含税金额＝不含税金额 ×（1＋适用税率）。

实战案例

西西谷公司最近开拓了一个新的业务，那就是从事建筑设备租赁业务。2020 年 2 月，西西谷公司将一台建筑设备租给一家工程公司，工程公司要求西西谷公司配备设备操作人员帮助操作，由于西西谷公司在此之前都是只出租设备，并不配备设备操作人员。所以西西谷公司临时雇用了一名设备操作人员，并在租赁的基础费用上加上一部分人员服务费用，取得不含税收入合计600000 元。

西西谷公司的财务人员在进行会计处理时，直接按照和以往业务相同的处理方法，计算增值税销项税额＝600000×13%＝78000（元），有形动产租赁业务适用于 13% 的增值税税率。

西西谷公司在税率选择时出现错误，根本原因是财务人员对增值税征税范围的认识模糊，导致税率混淆。西西谷公司租赁建筑设备同时配备操作人员属于建筑服务，应当按照 9% 的税率计算缴纳增值税，增值税销项税额＝600000×9%＝54000（元）。西西谷公司按照有形动产租赁服务计算增值税，要比按照建筑服务缴纳增值税多交税款＝78000 － 54000 ＝24000（元）。

案例中的西西谷公司由于适用税率错误，多交了 24000 元的税款，从而给公司增加了税收负担。相反，还是以案例中的西西谷公司为例，如果西西谷仅从事建筑设备租赁业务，并不配备操作人员，为了节省税款而将租赁服务按照建筑服务申报纳税，那么西西谷公司就又违反了税法规定，同样造成了税务风险。

实战案例

东东枪公司与一家广告公司于 2020 年 1 月签订一份购销合同，广告公司将自产的商品卖给东东枪公司，收取总货款 226000 元。合同是由广告公司拟定，合同上并未注明不含税价和税款，只写明合同总金额 226000 元。实际上这 226000 元中的 200000 元为不含税收入，26000 为税款。

广告公司的财务人员在进行印花税的纳税申报时，以 226000 作为印花税的计税依据，计算缴纳印花税 = 226000×0.0003 = 67.8（元）。

如果广告公司在拟定合同时，注明了不含税金额，或者不含税金额和税额，那么在申报缴纳印花税时，应当以不含税金额作为印花税的计税依据，计算缴纳印花税 = 200000×0.0003 = 60（元）。

由此可见，企业在选择适用税率时，一定要本着真实的原则，按实际业务的真实情况进行选择，才不会给企业造成税务风险。

案例中的东东枪公司的合作广告公司在这笔业务上由于税率造成的财务损失较少，但是在实际工作中，合同金额可能远远大于案例中的金额，而且这仅是一笔销售业务，如果长此以往都是按照含税金额计算缴纳印花税，那么给企业造成的财产损失是不容忽视的。

增值税税率简表	
增值税一般纳税人	13%
	9%
	6%
	0%
增值税小规模纳税人	3%

（注：此简表未含特殊情况税率，税率与对应涉税行为详见后续内容）

适用税率的风险不仅存在于增值税、消费税、企业所得税这些内容相对复杂的税种中，在小税种中也有涉及，对于小企业来说，不能因为涉及金额不大就忽略不计。财务工作的原则就包括谨慎性，企业的财务人员在计算缴纳税款时，应本着实事求是的原则，既不多交一分钱，也不少交一分钱，这样对国家、对企业、对自身的工作能力提升都大有益处。

财务总监说

财务总监说：减税是政府近年为降低企业负担而实施的最重要的一项举措，企业管理人员要经常关注税务相关新闻，及时了解政策。有的时候，多了解一项政策，可以为企业省下一大笔钱。

2.2.3 税务程序风险

关键词：纳税人识别号

纳税人识别号： 2016 年，我国正式取消登记证制度，所有企业统一只发工商营业执照，而统一纳税人识别号则被企业统一社会信用代码所取代。

税务程序就是指企业在税务机关办理相关业务的步骤流程，例如企业在取得营业执照后多少天内必须进行税务登记，税务登记后必须进行纳税申报，申报完成后必须进行税款缴纳。对于税务程序上要求的事项，企业必须按照规定时间办理，如果不按照规定时间办理相关业务，就会面临税务机关的处罚。

营 业 执 照

(副 本)

统一社会信用代码　9111×××1234567890×

统一社会信用代码一般为18位。第1位为登记管理部门代码；第2位为机构类别代码；第3-8位为登记管理机关行政区划码；第9到17位为主体标识码，最后1位为识别码。

名　　称　东东枪工业……

类　　型　有限责任……

住　　所　北京市×……号

法定代表人　王××

注 册 资 本　贰佰万元整

成 立 日 期　20××年×月×日

营 业 期 限　20××年×月×日 至 20××年×月×日

经 营 范 围

营业执照

企业没有按照税务机关规定的期限办理设立税务登记、变更税务登记、注销税务登记；企业没有按照税务机关的规定妥善保管会计账簿，没有按照规定保管记账凭证和相关账务资料；企业没有按照规定制定财务会计制度和财务会计处理办法，并且没有在税务机关规定的时间内将财务会计制度和会计核算软件信息提交至税务机关；企业没有在税务机关规定的期限内将企业全部银行存款账号向税务机关提交备查；企业没有按照税务机关的规定安装税控装置，没有正确使用税控装置或者故意损坏、私自改动税控装置。当企业发生上述事件时，税务机关会责令限期改正，可以处 2000 元以下的罚款。如果责令改正仍然不按照规定程序办理上述事宜，税务机关将处 2000 元以上 1 万元以下的罚款。

上述事件是指违反税务机关管理程序的基本事件，企业只要有正确的财务观念，完全可以避免。有些企业对税务机关的相关规定不以为然，当面临罚款的时候才认识到问题的严重性。企业的老板和财务人员，都应该树立一个按规定办事的基本观念，才能有效避免税务程序上的风险。

企业已经进行纳税申报后，应该缴纳税款却没有缴纳的；企业是代收代缴税款的一方，应该代收税款却没有收取的；税务代理人没有按照法律法规规定，导致企业没有按时缴纳税款或者少交税款的。税务机关将对上述事件进行应收税款的 50%以上 3 倍以下的罚款，由此可见，根据事件程度不同，税务风险再次升级。

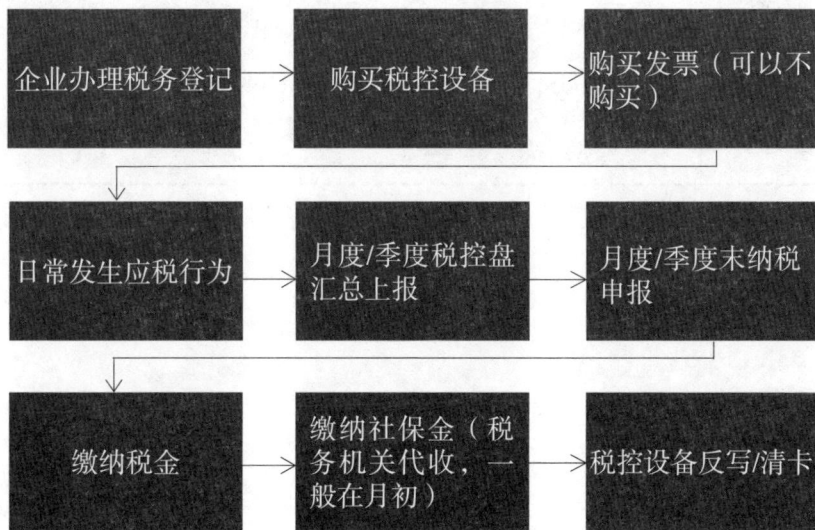

```
┌──────────────┐   ┌──────────────┐   ┌──────────────┐
│企业办理税务登记│──→│ 购买税控设备  │──→│购买发票（可以不│
│              │   │              │   │购买）        │
└──────────────┘   └──────────────┘   └──────────────┘
       │
       ↓
┌──────────────┐   ┌──────────────┐   ┌──────────────┐
│日常发生应税行为│──→│月度/季度税控盘│──→│月度/季度末纳税│
│              │   │汇总上报       │   │申报          │
└──────────────┘   └──────────────┘   └──────────────┘
       │
       ↓
┌──────────────┐   ┌──────────────┐   ┌──────────────┐
│  缴纳税金     │──→│缴纳社保金（税 │──→│税控设备反写/清卡│
│              │   │务机关代收，一 │   │              │
│              │   │般在月初）     │   │              │
└──────────────┘   └──────────────┘   └──────────────┘
```

企业税务工作程序

税务机关对于不按税务程序办理事项的企业，除了罚款处罚，还有其他处罚方法。对于连续 3 个月没有报税的企业，未报税包括企业涉及的所有税种，税务机关会将该企业认定为非正常户，禁止非正常企业领用发票和开具发票。对于非正常企业欠缴的税款，税务机关会继续追征，并加收滞纳金。当非正常企业接受处罚补缴税款并且缴纳滞纳金后，进行补充申报，税务机关的征管系统就会自动将其身份恢复正常。

企业符合规定的涉税程序应当是取得营业执照后按期进行税务登记和各种信息备案，经过税务机关核定税种，申领发票购置税控设备，按规定使用税控设备，于征期进行纳税申报并缴纳税款。其中的任何一个环节遗漏了，都会产生税务风险。面临税务风险可能是罚款、滞纳金这类利益损失，也可能是不能正常使用发票给企业造成的经营损失，最终都会影响企业信用，导致利益受损。

财务总监说

很多小企业经营者为了节省精力，会委托一些中介机构代为办理企业注册手续，而在企业成立之后也会聘用兼职财务人员。但作为企业的经营者，对这些中介和兼职人员一定要慎重使用，即便使用也要对整个流程了然于胸，避免因为中介和兼职的不专业给企业造成损失。

2.2.4　发票管理不当风险

关键词：增值税专用发票

增值税专用发票： 增值税专用发票是由国家税务总局监制设计印制的，只限于增值税一般纳税人领购使用的发票，增值税专用发票的特殊性在于，购方可以将之用于销项税的抵扣。

　　发票作为经济业务的载体，可以说是企业财务工作的核心内容。这就要求企业的管理层在发票管理方面提高重视，制定符合法律规定的管理规范，对于相关财务人员进行业务培训，要求财务人员按规范开具发票，并且提高财务人员的专业能力，使其能够识别出有问题的发票。

　　企业收到发票时，应当由财务人员核实发票所载信息和数据，开票方和我方的公司名称、纳税人识别号、地址电话、开户行信息是否准确无误填写完整，开票项目明细、数量、金额是否与实际业务相符。除此之外还要辨别发票真伪，鉴别收到

增值税专用发票

的发票是否是伪造、变造的发票。

企业在开具发票时，同样适用于上述规定，要遵循业务的真实性开具发票，并保证填写的信息和数据准确无误。

除了开具发票和接收发票，发票管理的内容还包括发票的保管，我国发票管理办法关于发票保管的具体规定如下：

国务院关于修改《中华人民共和国发票管理办法》的决定（中华人民共和国国务院令第587号）第十五条规定："违反本办法的规定，有下列情形之一的，由税务机关责令改正，可以处1万元以下的罚款；有违法所得的予以没收。""（九）未按照规定存放和保管发票的"，第二十九条规定："开具发票的单位和个人应当按照税务机关的规定存放和保管发票，不得擅自损毁。已经开具的发票存根联和发票登记簿，应当保存5年。保存期满，报经税务机关查验后销毁。"

《中华人民共和国税收征收管理法实施细则》（国务院令第362号）第二十九条第（二）款规定："账簿、记账凭证、报表、完税凭证、发票、出口凭证以及其他有关涉税资料应当保存10年；但是，法律、行政法规另有规定的除外。"

由此可见，并不是按规定开具发票，仔细鉴别接收的发票，就可以规避发票管理上带来的税务风险，没有妥善保管发票，仍然会使企业面临税务机关罚款等税务风险。企业应当建立健全的财务凭证保管机制，由负责保管的专门人员对发票进行保管，按照税法规定的管理方法和年限严格执行。

财务总监说

对于多种多样的票据，小企业的管理者可能没有精力去识别和管理。这个时候，只需要记住一个原则，那就是一旦入账，发票就要完好保留，永远不丢弃。

2.2.5 虚开发票风险

关键词：增值税普通发票

增值税普通发票： 增值税普通发票是指在购销商品、提供或接受服务以及从事其他经营活动中，所开具和收取的收付款凭证，相对于增值税专用发票，增值税普通发票不能抵扣销项税，对票面信息的管理也没有那么严格。

实战案例

东东枪经理应一位朋友请求代开一笔几万元的增值税票，对方答应给一定的税点，但资金往来却不经过公司。经理觉得这是小事儿，当时想也没想就答应了下来，但是到了财务这里却吃了闭门羹。财务人员对他说，对方不是我们的员工或关系人，没有真实地与我们发生业务，即便是让我们开具普通发票也是不行的。

我们都知道，在企业发生经营业务时，应当为购买方开具发票。虚开发票是指在没有真实业务发生的情况下，为企业或个人开具增值税发票，以达到使对方少缴增值税或企业所得税的目的。具体的虚开不仅包括互相没有真实业务凭空虚开，还包括夸大金额，篡改销售明细、单价、数量等。

一些小企业的财务制度并不完善，税务风险意识差，没有意识到虚开发票的严重性，对其后果不以为然。那么，虚开发票会面临什么后果呢？我国法律关于虚开发票的规定如下：

根据《中华人民共和国刑法》第二百零五条的规定："虚开增值税专用发票或者虚开用于骗取出口退税、抵扣税款的其他发票，是指有为他人虚开、为自己虚开、让他人为自己虚开、介绍他人虚开行为。""虚开增值税专用发票或者虚开用于骗取出口退税、抵扣税款的其他发票的，处三年以下有期徒刑或者拘役，并处二万元以上二十万元以下罚金；虚开的税款数额较大或者有其他严重情节的，处三年以上十年以下有期徒刑，并处五万元以上五十万元以下罚金；虚开的税款数额巨大或者有其他特别严重情节的，处十年以上有期徒刑或者无期徒刑，并处五万元以上五十万元以下罚金或者没收财产。""单位犯本条规定之罪的，对单位判处罚金，并对其直接负责的主管人员和其他直接责任人员，处三年以下有期徒刑或者拘役；虚开的税款数额较大或者有其他严重情节的，处三年以上十年以下有期徒刑；虚开的税款数额巨大或者有其他特别严重情节的，处十年以上有期徒刑或者无期徒刑。"

从我国法律规定可以看出，虚开发票的后果不仅是罚款那么简单，还会面临行政拘留和有期徒刑。不仅是企业的法人要为虚开发票的事情负责任，财务主管人员和负责开具发票的工作人员都是虚开发票的责任人。

不过，虚开增值税发票虽然是违法行为，但在实际操作当中，代开却不是完全不可行的，尤其是小企业其实很难避免代开增值税普通发票的情况。那么小企业在代开发票时，如果做到不违法呢？

增值税普通发票

对于代开发票的特殊情况，小企业经营者开具增值税普通发票要遵循以下原则：

第一，代开申请人必须是和公司有直接雇佣关系的，双方有劳动或劳务合同。

第二，代开的业务内容在企业经营范围内，且是真实发生的，并在开具发票后补足该业务的项目合同；

第三，企业必须足额缴纳发票中的增值税额和后续的企业所得税额；

第四，代开的票面金额要及时收回，并纳入企业账户，事后可以用劳务报酬或其他形式转发给代开申请人，但过程中如果需要纳税，也一定要足额缴纳。

从这四个原则上看，代开增值税普通发票，实际上相当于将他人的业务纳入企业的经营过程中，只要这个过程是合法合规的，那么代开也是可行的。

无论如何，小企业的老板和财务人员都要提高关于虚开发票的风险意识，不要心存侥幸。目前税务监管越来越严格，税务机关的监管系统不断升级，不仅能够对上下游的金额进行监管，对于具体的开票明细也可严格控制。

财务总监说

　　小企业经营者切记，对于增值税专用发票的原则是——永不虚开，因为无论有多大的收益，最终都是得不偿失，而代开增值税普通发票也一定要在法律框架内进行。

第 3 章

小企业涉及的财税知识

3.1 企业设立的相关知识

3.1.1 企业设立的一般流程

关键词：营业执照

> **营业执照：** 企业营业执照是由我国市场管理部门颁发给企业从事生产经营活动的证件，是企业必须依法取得的"身份证件"，营业执照有正本和副本两份，企业都要妥善放置和保管。

我国不同地区对于公司设立的规定基本相同，但是在一些具体规定上仍有不同之处。本书简要介绍两种企业设立的流程，一种是纸质资料现场办理，另一种是网络办理。

企业办理设立登记，需要去当地市场监督管理机构（一般为市场监督管理局）办理，一般办理此项业务的地点都在当地政务服务大厅。企业办理设立登记时，需要准备股东会决议、公司章程、董事、监事、经理的任职文件，填写公司设立登记申请书，以上几项材料都需要股东签字按手印。

需要提醒读者的是，以上这些材料在省或市级的相关网站上都可以免费下载，只是企业需要在下载之后根据自身实际情况进行修改。

除此之外还需要法定代表人、股东、监事、财务负责人的身份证明。如果是自然人法人、股东，需要提供居民身份证，如果是企业法人、股东，需要提供法人或股东企业的营业执照等证件。如果是委托代办的，代办人也需要提供身份证件，并由法人、股东出具法定代表人或委托代理人证明。

目前，我国部分地区对于新设的中小型企业，已经不需要企业提供住所证明，而是采用承诺制，由申请人填写住所即可。而在需要提供住所证明的地区，需要提供房产证复印件，房屋租赁合同等证明文件。

企业设立时应先核准名称，填写名称核准申请书，如果企业提交的名称可以使用，在3个工作日内会收到市场监督管理机构的名称预先核准通知书。

核名通过后，企业将准备的资料和名称预先核准通知书，一并提交到市场监督管理机构，等待3～5个工作日后，就可以领取营业执照。

现在我国各个管理部门都在推行网络办公，为企业节省时间，提高管理部门的工作效率。市场监督管理机构对于企业设立、变更这部分业务，也不断推进网络化办理的进程。因为各省份进度不一，本书以河北省为例，简要介绍企业设立的一般流程。

营业执照

营 业 执 照

（副本）

统一社会信用代码 9111×××1234567890×

名　　称　东东枪文化传媒有限公司
类　　型　有限责任公司
住　　所　北京市××区××路××号
法定代表人　王××
注册资本　贰佰万元整
成立日期　20××年×月×日
营业期限　20××年×月×日 至 20××年×月×日
经营范围　设计、制作、代理、发布各类广告，多媒体制作；图文设计制作、，动漫设计，手绘壁画设计；包装设计；平面设计；企业标识设计、企业形象策划；市场营销策划；文化活动策划；网络营销策划、文化艺术交流策划……

企业二维码

工商印☆章

登记机关

年　月　日

中华人民共和国国家工商行政管理总局监制

想要设立企业的自然人或者法人，需要进入"河北市场主体信用信息公示系统"网站。进入网站后需要注册账户，选择自然人或者法人身份，填写身份信息注册账号并登录。在网站首页就可以看到"执照业务办理"和"企业开办一窗通"模块，点击"企业开办一窗通"，可以看到界面上出现"在线填报"和"电子签名"两个模块。

点击"在线填报"，出现"我没有企业名称"和"我有企业名称"两个选项，申请人根据是否进行名称预先核准来进行选择。如果已经核定名称，选择"我有企业名称"，没有核定名称的申请人，选择"我没有企业名称"，会进入新名称申报程序。在核定名称的程序中，需要填写名称区划、名称字号、行业表述、组织形式几项信息。

接下来，申请人需要进行基础信息的填写，包括企业信息、经营范围、党建信息、股东信息等。填写完基本信息后，申请人需要填写法定代表人、执行董事、经理、监事、财务负责人等企业主要人员信息。需要注意的是，企业的股东可以担任监事，但是监事不可以同时兼任执行董事、经理、财务负责人等其他职务。

企业填报上述信息后，点击提交，提交完毕进入签名环节。企业的法定代表人、股东、执行董事、经理、监事、财务负责人均应进行电子签名。河北工商系统采用"证照签 APP"进行电子签名，相关人员下载"证照签 APP"并实名注册后，便可以进行电子签名。申请人提交的资料如果经市场监督管理机构审核批准通过后，即可领取营业执照。

在企业创办过程中，还有一项是需要特别注意的，那就是企业经营范围的选择。企业经营范围一般是在企业申请过程中由办理人根据实际情况进行选择的，具体的经营范围一般写在营业执照的右下角。而如果企业有需要特殊经营许可的需求，则需要到有关部门进行经营许可申请，之后才能获得市场监督管理部门的批准。

例如，图书批发资质需要当地的文化监督部门先行审批，如果企业没有得到文化部门的审批手续，是无法获得图书批发的经营许可的，也就是人们常说的没有相关经营资质。

财务总监说

管理者千万不要让企业进行超出经营范围的经济活动，否则将受到严厉处罚。而对于中小企业来说，拓展主营之外业务的需求也是常有的事，在这种情况下，企业可以选择预先增加经营范畴，一般情况下这种增项请求都能获得批准。

3.1.2 税务登记和发票申领

关键词：税务登记

> **税务登记**：税务登记是指纳税人根据税法规定，及时前往主管税务机关办理生产、经营活动等级的行为。税务登记包括开业登记、变更登记、停业登记、注销登记、纳税人税种登记等多种登记种类，它是整个税收征收管理的起点。

企业领取营业执照后，要及时进行税务登记。为什么要进行税务登记呢？税务登记的主要内容，包括登记企业基本信息、财务会计制度备案、财务软件备案等，进行税务登记后，税务机关会根据企业的经营范围核定企业税种，企业的财务人员根据核定的税种进行后续的税费申报和缴纳税款。

在网络没有普及的年代，企业财务人员需要携带营业执照、组织机构代码证、公章等资料去税务机关填表办理税务登记。现在我国已经实现多证合一，普及网上办税，只要登录所在省份的网上办税服务厅便可以办理。

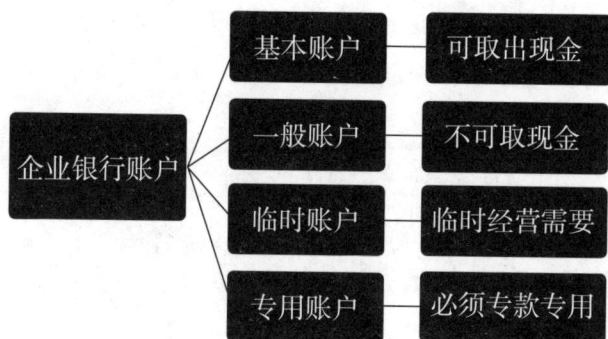

企业银行账户类型

从网上办税服务厅进行税务登记之前，需要企业的法定代表人去税务机关进行信息采集。办理程序非常简单，企业法人只需携带本人身份证去当地办税大厅，在税务大厅办事人员的指导下，拍照采集人像，扫描身份证、录入手机号采集身份信息即可。如果企业的财务负责人和办税员不是在税务系统中完成信息采集的人员，也要按上述程序进行信息采集。

企业法人采集信息后，需要在网上税务局实名注册账号。实名注册完毕后，用身份证号和密码登录网上办税服务厅，便可以进行税务登记了。

网上税务局进行税务登记的模块叫作"新办纳税人综合套餐"，新办纳税人综合套餐项目包括企业基础信息、银行存款账户信息、财务会计制度备案、财务软件备案等内容。企业可以对自身经营进行合理的预计，选择是否登记为增值税一般纳税人。

企业法人可以选择其中一项或者几项办理，基础信息登记是必须进行的，其他项目如果暂时还不能办理，可以后续补办。

企业银行账户类型

有的企业在进行税务登记时，可能还没有进行对公账户开户，或者已经办理对公账户开户但尚未取得开户许可证。在这种情况下可以先进行税务登记，等取得开户许可证时再办理银行账户登记。

企业进行银行开户，一般只能先设立一个基本账户，在基本账户设立成功之后，企业还可以设立其他一般账户。因为企业基本账户设立之后变更手续很麻烦，所以企业在初始开户行的选择上，一定要格外慎重。

银行存款账户登记后，还需要企业、税务机关、银行签订三方扣款协议。只有签订三方扣款协议后，企业在后续申报缴税时才可以从银行账户直接扣款。三方协议业务也可以在网上税务局直接办理。

税务登记相关事项办理完毕，企业便可以申领发票了。申领发票业务在网上办税服务厅也可以办理，不得不说，现在的

实战案例

东东枪公司在初次进行税务登记和发票申领的时候，出于谨慎，将单张发票的限额设定在了1万元人民币，每次可领取20张。然而随着公司业务的扩大，往往需要一次性开具数十万的增值税普通发票。此时，公司发票却仍然只能一万一万地开，开完20万元之后还要再去税务网站领取，东东枪的财务人员为此头疼无比。

网络办税实在太方便了，为纳税人节省了不少时间。一般纳税人企业可以申领增值税专用发票和增值税普通发票，小规模纳税人只能申领增值税普通发票。企业提交申领发票申请，经税务局审核批准后，就可以购买税控设备。税控盘发行、税控软件安装完毕，企业就可以正常开具发票了。

在税务登记和申领发票的流程中，需要注意以下几点：

（1）自取得营业执照之日起 30 日内，必须进行税务登记，有的省份放宽到半年内税务登记即可。企业在取得执照后，应当确认税务登记的期限，尽量尽早进行税务登记，一般在取得营业执照后 24 小时内，工商系统的信息会同步到税务系统，就可以办理税务登记了。

（2）有的企业仅进行基础信息登记而忽略了财务会计制度备案，结果在征期申报纳税时发现只有各税种的申报表，没有财务报表。企业必须先进行财务会计制度备案，申报系统里才会出现可以填写的财务报表。建议和基础信息登记同时进行，以免影响企业纳税申报。

（3）初次申领发票不是企业想领取多少都可以，一般可以领取的发票数量和开票限额较小。企业可以先按税务机关可以批准的最高额度领取，待实际经营时，根据业务量进行发票增量。

（4）在进行税控盘发行时需要准备发票专用章，由于现在是在网上税务局办理税务登记，不需要到税务大厅填表盖章，所以有些企业可能忽略了刻章，从而在进行税控盘发行时导致中断办理，耽误了企业的创办时间，对此创业者要有所考虑。

财务总监说

有很多企业代办中介会同时代理财务税务业务，为了自己省事，他们会主张帮助企业进行零申报。对于这种主张，企业经营者一定要格外慎重，而即便是零申报，也要走完正规的税务登记和每月申报程序，并保证企业确实符合零申报的标准。

3.1.3 公司组成形式选择

关键词：有限责任

有限责任：有限责任是"无限责任"的对称，指债务人以法律规定的财产范围对某种债务承担责任，简单来说就是约定责任承担完毕，无须再被追责。

在媒体上，我们经常听到××有限责任公司和××股份有限公司的说法，例如东东枪公司就叫东东枪文化传媒有限公司。既然都是公司，为什么叫法不一样呢？在这不一样的叫法背后又隐藏着怎样的区别呢？

通俗一点来说：股份有限公司重要的是"股份"，有限责任公司重要的是"合伙人"；股份有限公司设立和运营信息要公开，有限责任公司则可以相对保密；股份有限公司在条件符合之后可以选择上市，有限责任公司要上市则必须先转变成股份有限公司；股份有限公司的股东往往很多或很有财力，有限责任公司则无所谓；股份有限公司的设立非常复杂，有限责任公司的设立则比较简单。

从创业者的角度，仅仅上面那些通俗的信息还不足以让人了解公司的设立门槛与程序。那么，我们就看看在公司设立过程中，我们到底要特别关注哪些规定。

1. 关于设立条件

股份有限公司应该满足以下条件：

（1）应有二人以上二百人以下的发起人，且其中半数以上需在中国境内有住所。

（2）发起人认购股本总额或募集的实收股本总额达到公司章程规定。

（3）股份发行、筹办符合法律规定。

（4）有公司名称、章程、住所以及组织机构。

有限责任公司的设立应该满足以下条件：

（1）应有五十个以下的股东出资。

（2）全体股东认缴的出资额符合公司章程规定。

（3）有公司名称、章程、住所以及组织机构。

2. 关于设立方式

股份有限公司的设立方式有发起设立与募集设立两种，而有限责任公司则只能以发起设立的方式设立。以募集方式设立股份有限公司的，各个发起人在公司成立时缴足其认购的股份；而以发起设立方式设立的，各个发起人只需要按照章程固定的时间缴足认缴股份即可。

实战案例

甲、乙、丙、丁、戊五个人决定设立一家股份有限公司，其中甲、乙、丙在中国境内有住所。五人决定以募集方式设立公司，公司的注册资本为5000万元。

募集设立要求认购人至少认购公司股本总额的35%，因此甲、乙、丙、丁、戊五人应以自有资产认购公司1750万元注册资本。最终五人决定每人认购350万元，并在依照公司章程缴足其认购资本。随后他们经有关部门批准后开始向社会公开募股。

发起设立则是公司所有股东按照比例认购公司全部股份。也就是说，若甲、乙、丙、丁、戊想以发起设立方式组建公司，那么他们必须将5000万元全部认购完毕。

需要指出的是，虽然募集方式是股份有限公司设立的一个可选择方式，但在我国募集设立的股份有限公司还是比较少见的，原因主要是募集设立股份有限公司需要相关部门审批，而审批的过程往往比较漫长，条件比较苛刻，因此除少部分国有企业以募集形式设立之外，民营企业募集

实战案例

西西谷有限责任公司本来有三位合伙人，张总、李总和赵总。2018年，赵总想要从公司撤离，但又不想将股份转让给张总和李总，转而找到了另外一个公司的王总，双发达成了转让协议，但没想到这笔转让交易却遭到了张总和李总的反对，最终赵总的股份转让没有成功。

设立的案例还不多见，在中小型企业中更加少见。

3. 关于股份转让

在有限责任公司内，股东之间可以相互转让出资额，但向股东以外的人转让股份时，转让行为必须经股东会过半数股东同意才行；而股份有限公司的股份则往往不受限制，上市公司的股票流动性更高。

财务总监说

创办者不要以为公司为有限责任公司就真的是有限责任，要知道，很多恶性经济犯罪即便是打着有限公司的幌子也是没用的，在明知公司经济能力有限的情况下依然进行超出经济能力的活动，是很容易被行政机关定性为经济诈骗的。

3.1.4 一人有限责任公司和个体企业

关键词：一人有限责任公司

一人有限责任公司：指的是只有一个自然人股东，或只有一个法人股东的有限责任公司。和其他有限责任公司一样，一人有限责任公司也以全部的资本承担有限责任。

有的人创业不想找合伙人，但又想用有限责任的方式规避某些风险，这是否可行呢？答案是可以的。在我国，还有一种特殊的公司存在，那就是一人有限责任公司。

一人有限责任公司是有限责任公司中的特殊类型，虽然股东只有一个人，但它是独立的企业法人，也具备完全的民事权利能力、民事行为能力和民事责任能力。

"一人公司"可以分为形式意义上的"一人公司"，以及实质上的"一人公司"。形式上的"一人公司"，指的是公司全部出资或股份都由一个股东拥有，股东只有一个人；实质上的"一人公司"，指的是公司有很多股东，但实际上掌权的只有一名股东，其余股东只是名义出资，并不享受投资收益。

根据"一人公司"的股东性质，我们又可以将其分为"自然人一人公司""法人一人公司"以及"国有独资公司"。《公司法》规定，一人有限责任公司的设立和组织机构都需要有特别规定，没有特别规定的，一律按照有限责任公司的相关规定执行。而我国对一人有限责任公司的特别规定主要有以下 5 项：

（1）从法律上说，一个自然人只能设立一个"一人有限责任公司"，其所设立的"一人有限责任公司"不能继续投资或设立一个新的"一人有限责任公司"。

（2）自然人申请的"一人有限责任公司"需要在公司登记中注明"自然人独资"或"法人独资"，并在公司营业执照中表明这点。

（3）"一人有限责任公司"是不设股东会的，法律规定的股东会职权由公司股东一人行使。当一人有限责任公司的股东行使相应职权作出决定时，需要采用书面形式并签字，然后将这份书面决定置备于公司。

（4）"一人有限责任公司"需要在会计年度终了时撰写财务会计报告，并交由会计师事务所进行审计。

（5）如果"一人有限责任公司"的股东不能证明公司的财产是独立于自己财产的，需要对公司债务负连带责任。

而与一人有限责任公司相对应的，是一种简便但无限责任的企业——个体企业。个体企业是由创办人个人出资兴办，由创办人直接经营的企业。创办人个人享有企业经营的全部所得，同时对企业的债务负有完全责任。

个体企业一般规模较小，内部管理机构简单。创办个体企业，只需要在市场管理部门进行登记，手续简便，后续不必须去银行开户，增值税发票也可以采取按需申请税务机关代开的形式。而在税收申报时，个体企业也往往可以采取定额税的形式，即按月度或季度缴纳一定额度的税金。在经营不善的情况下，个体企业还可以向税务机关申请减免甚至退回部分税收。

因为有如此种种的优点，我国市场上个体企业的数量众多，如小超市、小洗衣店、印刷店、小饭店、小加工作坊等，大部分都是以个体企业的形式存在的。

但与此同时，个体企业也有着它的缺点：首先，个体企业必须承担无限责任，也就是说，即便经营不善破产倒闭，个体企业所欠下的债务也必须由创办人承担。其次，个体企业规模不能过大，如果个体企业营业收入过大或企业组织过大，我国市场管理机构会强令个体企业转成有限责任公司。再次，个体企业因为规模和组织结构的问题，很难获得金融机构的资金支持，在正常金融市场上的融资几乎是不可能的。

财务总监说

对于是创办一人有限责任公司还是个体企业，创办者要根据自身实际情况作出选择。每一种企业都有它适合的场景，只要在这个场景下经营好，每种企业都能够获得它应得的经济收益。

3.2 小企业日常财务管理

3.2.1 财务最佳配备方案

◇◇

关键词：财务人员

财务人员：财务人员是指企业内专门从事与财务、税务有关的人员，例如：财务总监、财务经理、会计、出纳、税务专员等。

小企业的财务配备与大企业全然不同，尤其是 10 人以下小企业，一些中大型企业的财务部人员数量可能要多过小企业的总人数。但麻雀虽小，五脏俱全，人员少不要紧，该做的工作一样都不会少。

企业的财务最佳配备方案总体来说包括三个方面，一是财务制度，二是财务人员，三是财务设施。企业财务人员需要依照财务制度，运用财务设施，完成财务工作。本节主要对财务人员配备进行具体介绍，财务设施和财务制度在下两个小节中详细介绍。

1. 出纳

再小的企业都要设置出纳这个岗位，出纳最基本的工作内容就是收钱和付钱。例如，企业采购需要付款，由出纳人员支付；企业销售产品收款了，由出纳人员收取；企业发放工资，由出纳人员根据工资表将工资发给员工；企业需要购买办公用品，由经手人到出纳人员这里支取备用金。

出纳人员不是只收钱和付钱就完成工作了，出纳人员还需要将每笔支出和收入都记录在账簿中，并保存收支的原始凭证。出纳人员负责登记的账簿是现金日记账和银行存款日记账，按照真实业务准确无误的记录，做到日清月结。

企业的银行支票等票据、银行用的印章、现金都由出纳人员保管，出纳人员对于企业的责任非常重大。实际工作中，有不少小企业由企业老板兼任出纳人员，这一点并不可取。作为出纳人员并不只是管钱，还需要具备专业的财务知识来登记账簿，这一点企业老板并不具备。出纳人员是独立于企业其他岗位的存在，更不能由会计人员兼任，这一点是为了保证工作中没有徇私舞弊的情况发生。

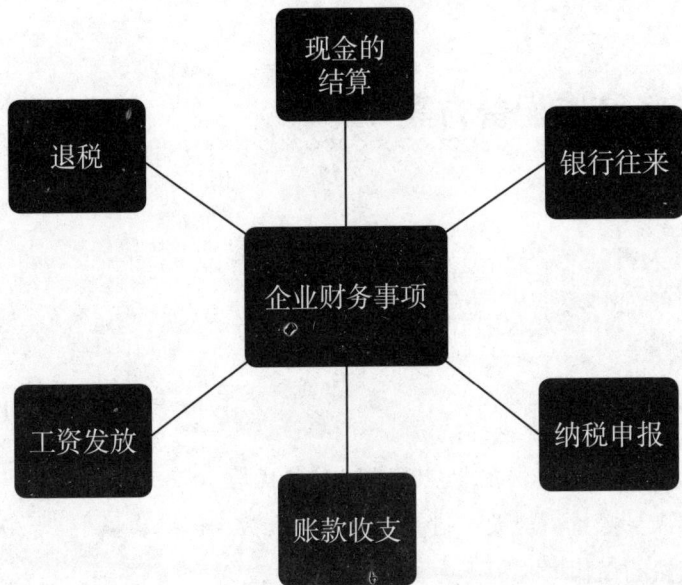

2. 会计

小企业的会计主要工作内容为开具发票、记账、报税、监督，负责企业与税务、市场监督管理机构、银行有关的一切业务活动。

小企业资本和人员有限，未必有条件设置一名税务会计的岗位负责涉税事宜。对于业务量小的企业，会计人员完全可以胜任。会计应当根据企业发生的真实业务为购买方开具发票，并负责日常的发票领用，开票软件的维护，以及税务要求的其他涉税工作，并负责一年一度的工商年报，在国家信用信息系统上公示。

会计在进行账务处理工作时，要根据原始凭证，例如：开具的发票、收到的发票、出纳人员提供的银行回单等，对企业发生的每笔经济业务编制记账凭证。在每个月月末时计提固定资产的折旧、无形资产或长期待摊费用的摊销，计提城市维护建设税和附加费，并根据已经编制的记账凭证登记明细账和总账，编制财务报表。如果是采用财务软件记账的企业，这一步骤可以省去。

会计人员还有一个重要的职能就是监督，对企业发生的经济业务，在其发生之前提供指导，发生的过程中加以控制和指导，发生之后进行监督。从企业的利益上，监督经济活动是否真实、合理、准确。

财务总监说

目前，我国已经取消财会人员准入资格证书，因此很多小企业管理者会选择让自己的亲人或朋友出任会计、出纳等。因为企业财务人员还负责报税、银行对账和税务机构沟通的工作，所以企业的财务人员至少要具备一定的财务、税务知识，如果实在不具备，可以选择兼职财务人员作为辅助。

3.2.2 必备的财税设施

关键词：税控设备　开票软件

税控设备： 税控设备是按照国家税务总局的相关技术进行研制，专门用于企业线上税务操作的硬件设备，比较常见的税控设备有金税盘、税控盘等。

开票软件： 开票软件是一款线上开具增值税发票的工具，使用开票软件可以让操作人员进行信息录入、开具发票、汇总上报等一系列操作。

对于 10 人以下小企业而言，可能经营业务比较少，账务处理也相对简单。虽然如此，必备的财务设施一件也不能少。

税务设施：只要企业开始经营，就会取得销售收入，取得收入就要为购买方开具发票。无论收入金额大小，开发票这个环节都不可缺少，不然就是偷税漏税了。开发票就要购置税务设施，税务设施包括硬件设施和软件设施，具体设施如下：

1. 税控设备

我国各省采用的开票软件的开发公司不同，税控设备的叫法不一，但是实质功能一致。

财务人员不要小瞧这个体积不大的税控设备，它里面记载着企业领购发票、开具发票、剩余发票的所有信息。税控设备与开票软件配套使用，电脑上不连接税控设备，是无法使用开票软件的。

2. 开票软件

开票软件是装在企业电脑系统里的软件，它的主要功能是开具发票、上报汇总、远程清卡（或反写）。有些开票软件还有一些附加功能，例如进项发票认证勾选、记账、纳税申报等功能，企业可以根据自身情况进行选择。

3. 针式打印机

如果是领用纸质发票的企业，发票在开票软件里开具完毕，终究要落实在空白发票上，这就需要使用针式打印机打印发票。

有的读者可能会问，为什么一定要用针式打印机，普通打印机不可以吗？原因是增值税发票最少为两联式，增值税专用发票为三联，用普通打印机只能将发票信息打印在第一页上，针式打印机能够将发票信息复印到其他联次，符合发票开具的规定。现在很多企业选择电子发票，不需要打印，只要通过网络传送即可，省去了邮寄的环节。企业可根据自身情况进行选择，如果购买方接受电子发票，企业便可申请电子发票，不需要购置针式打印机。

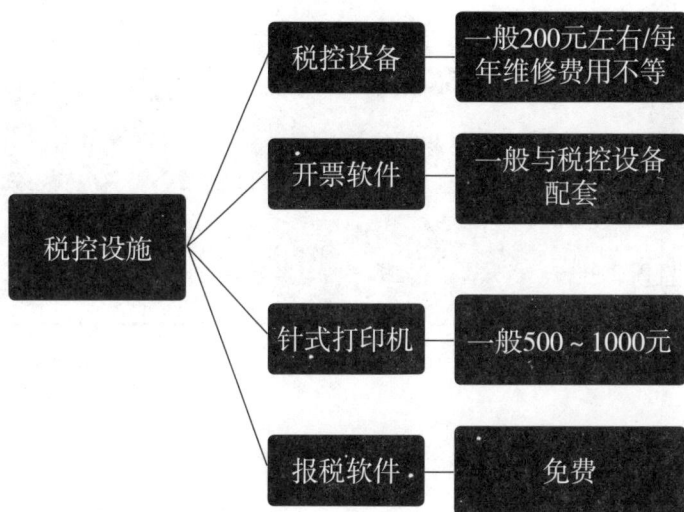

```
税控设施 ─┬─ 税控设备 ──── 一般200元左右/每年维修费用不等
          ├─ 开票软件 ──── 一般与税控设备配套
          ├─ 针式打印机 ── 一般500～1000元
          └─ 报税软件 ──── 免费
```

4. 报税软件

企业在报税时，可以选择从网页上申报，即国家税务总局的"网上办税服务厅"。也可以选择报税软件进行申报，报税软件通常也是在一个类似 U 盘的软件里，和网页申报相比，它的优势在于可以有效地备份和保存数据。

目前不少报税软件的开发团队，都推出了记账这个附加功能，也就是说，使用报税软件进行申报，往往可以省去购买财务软件的费用，对于财税人员的日常操作来说十分简便。

财务设施：在计算机和互联网没有普及之前，老会计是手工做账的，将企业的经济业务一笔一画记录在凭证和账本上。现在有了计算机和互联网，企业都采用电子记账，财务软件便成了必不可少的财务设施。

企业可以选择的财务软件有很多，对于 10 人以下小企业来说，部门少、人员少、业务量小，选用有基础功能的财务软件即可。将记账凭证录入财务软件，只要记账凭证准确无误，就可以自动生成会计账簿和财务报表。记账凭证、会计账簿、财务报表都可以通过财务软件进行打印，企业只需将打印好的记账凭证和账簿装订成册即可。

财务总监说

小企业经营者一定要注意，税控盘和开票软件是需要定期更新和操作的，尤其是开票软件，需要每月和每季度上报汇总及清卡，这些固定操作最好打印出来贴在报税电脑旁边，避免因为过期而给企业造成不必要的麻烦。

3.2.3　账簿、凭证及发票管理

关键词：账簿

账簿：账簿是由具有一定格式的账页组成的，用来序时、分类记录各项经济业务的簿籍。它是编制财务报表的依据，也是保存会计资料的重要工具。

企业取得的外来原始凭证，应当由财务人员进行审核，确保每个项目都填写齐全、金额准确，有对方单位在指定位置加盖的印章。企业自制原始凭证需要根据真实发生的数据记录，信息填写齐全，有经办部门的相关负责人的签章，填写的文字内容简明扼要、字迹清晰，不得使用简化汉字，自制原始凭证上要填写大写、小写两种金额。

原始凭证金额有错误的，如果是从外部取得的外来原始凭证，应当由出具单位重新开具，不可以在凭证上直接更正。对于除了金额错误以外的错误可以更正，并在更正处加盖单位印章。

记账凭证由财务人员根据经过审核的原始凭证编写，记账凭证后面所附的原始凭证要齐全。记账凭证填写的第一项标准就是要连号，不能跳号。企业在填写记账凭证时，需要将记账凭证上的内容填写齐全，金额准确，由凭证填制人员、审核人员、记账人员、财务负责人等分别签名盖章。

企业的记账凭证在当年应当装订成册，由指定人员保管，年度终了时，将一个年度的记账凭证交由企业的档案管理部门妥善保管。企业的记账凭证不得外借，如果有工作上的需要，例如，接受会计师事务所的审计，需要经企业管理人员和财务负责人的批准才可以使用。

企业的记账凭证不能自行销毁，一般的会计凭证需要由企业妥善保管至少30年，待保管期限已满，报送有关部门批准后才可以销毁。企业注销后，记账凭证也要继续保存，不得擅自销毁。

企业账簿的功能不同，账簿的格式也不同。记录现金和银行存款的账簿为日记账，日记账的格式为三栏式，包括收入、支出、结余三个栏目。企业财务人员应当按照业务发生的时间顺序，逐笔登记现金日记账和银行存款日记账，做到日清月结。

　　记录总分类账户的账簿称为总账，总账也是三栏式账簿，包括借方、贷方、余额三个栏目。

财务总监说

　　随着电子记账和电子报税的展开，越来越多的企业逐渐忽略了原始纸质凭证账簿的管理，对于此，企业还是要提高警惕的，毕竟如果当企业面对账目抽查的时候，纸质凭证和账簿的管理混乱还是很不利的。

3.2.4 小企业财务管理制度

关键词：财务制度

财务制度：财务制度亦称财务管理制度，是企业制定并要求财务人员遵守的工作规则、方法、程序和标准等。

小企业虽然经营规模小，但财务管理制度仍然不可忽视。良好的财务管理制度，不仅为企业管理提供良好的基础，还能避免带来税务风险。

1. 库存现金管理制度

公司的库存现金金额应当控制在规定的限额内，取现留作备用金时不得超过限额。企业的出纳人员应当每日清点现金，做到账实相符。遇到现金盘盈或者盘亏的情况时，要及时向领导报告，并协助查清现金盘盈或盘亏的原因，追究相关责任人的责任。

出纳人员进行现金登记入账时，必须是以收到现金为准，不得使用白条入账。出纳人员需要严格把控现金支出，不得挪用企业库存现金，不得将企业的库存现金借给他人使用。

出纳人员应妥善保管企业的库存现金，确保安全。设有保险柜存放现金的，出纳人员应当妥善保管密码和钥匙，不得在公司保险柜中存放私人物品。企业进行较大金额的现金存取业务时，应由两名人员同时前往，确保安全。

2. 银行存款管理制度

公司财务人员应当按照中国人民银行的规定，办理银行基本账户的相关业务。应当按照《中国人民银行法》《中华人民共和国票据法》规定进行票据管理和结算。

银行的现金支票、转账支票、承兑汇票要妥善保管，作废的支票、汇票也要保存备查，不得擅自销毁。未使用的空白支票和银行账户所用的法人章、财务专用章，不得由同一个工作人员进行保管，以防保管人员监守自盗，给企业造成财产损失。

已经使用过的支票、汇票，保管人员应当登记其取用的日期、用途、对方单位信息、金额、票据号码等信息。

公司财务人员应当及时取回银行回单，取回来的回单要及时进行处理，登记入账。公司的出纳人员应当对企业的每个银行账户都设立银行存款明细账，分别登记各账户银行存款的收入、支出、结余情况。并在每月银行规定期限内，和开户银行完成对账业务。

企业银行存款明细账和开户银行对账单记录不相符的，财务人员应当编制银行存款余额调节表，作为备查依据。对于财务人员记账错误造成的账实不符，应当查明原因并及时进行错账更正。

3. 往来账款管理制度

公司销售人员在销售业务完成后，应当及时跟进客户的回款情况。赊销业务形成的应收账款，应当由财务人员按照客户名称分类进行核算，按照与客户之间的往来，逐笔登记入账。企业财务人员应当定期进行应收账款账龄分析，评估应收账款的可收回情况。

企业应当在会计中期和会计期末，定期或不定期与客户核对应收账款余额。对于企业账簿中记录的应收账款，和客户方记录的应收账款余额不相符的，要积极查明原因并及时改正，以确保数据正确。

公司的其他应收款应当定期清理，企业员工出差、采购形成的借款，应当在员工完成业务后及时清理。在清理其他应收款时，如果有员工借款尚未使用完毕，应当先将之前的借款偿还，再重新借款。

财务总监说

财务制度不完善是小企业的通病，但一家企业想要良好发展，就必须从内部有规矩开始。完善的财务制度会增加小企业的工作量，但也会在关键时刻让小企业避免遭遇严重的打击。

3.2.5　小企业财务工作流程

关键词：银行对账

银行对账：是指在每月月末，企业的财务人员将企业的银行存款日记账与开户银行发来的当月银行存款对账单进行逐笔核对，勾对已达账项，找出未达账项。

小企业业务量小，员工人数少可能还需要身兼数职，也需要明确的规定来规范员工的工作流程。尤其是对于涉及金钱往来的财务部门，工作流程规范更是必不可少。员工应当以工作流程为指导，按部就班完成工作。本节提供的财务工作流程，仅为小企业管理者提供参考，企业应当结合自身情况进行调整。

1.出纳工作

（1）企业出纳人员在每个工作日，应当根据取得原始凭证录入记账凭证，并将记账凭证登记入账，并提交会计审核。每日清点现金，检查是否与账簿记载相符，清点完毕后将现金存放保险柜，妥善保管保险柜钥匙。

实战案例

东东枪公司的塑料展示架坏了，于是公司经理掏钱让财务人员小王去市场上买一个。展示架买回来的第二天，小王要把经理的钱还给他。经理大大咧咧地说道："就这两百块钱还补什么，发工资的时候一起发不就可以了！"小王说："经理这可不行，这是违反财务工作流程的！"

（2）取得现金时，使用点钞机当面清点现金，确认与应收金额相符。根据收取款项业务情况，开具发票或开具收据。当日取得的现金收入，当日存入企业的银行账户，存入金额超过1万元的，应由会计人员陪同前往。

（3）员工购买工作需要的物品时，应当指导员工按照标准格式填写借款单，并支付现金。员工报销时需提供符合规定的发票，出纳人员应当对发票的真伪进行鉴别，核对发票信息并核实业务是否属实。取得符合报销凭证的发票后，指导员工填写费用报销单。如果实际花费金额小于借款金额，员工需要返还剩余现金，如果实际花费超过借款金额，应当将差价支付给员工。

（4）每月发放工资时，由企业行政人员提供经过会计和公司经理审核并签字的工资表，出纳人员当日从银行提取现金并发放。出纳人员去银行支取现金时，支取金额超过人民币 1 万元的，需要会计人员陪同前往。员工工资必须本人领取，不得代领，如遇特殊情况不能及时领取的，可由出纳人员代为管理，延迟领取不能超过 5 个工作日。员工领取工资后，应当在工资表上签名。

（5）出纳人员根据销售人员提交的开具发票申请单开具发票，开具发票申请单必须经过会计审核并签字。将每日开具发票的记账联汇总交给会计，作废的发票和空白发票妥善保存。空白发票使用完毕报告给会计人员领用新的空白发票。

（6）每月与开户银行对账，如果账实不相符，应报告会计人员查明原因，并协助会计编制银行存款余额调节表。

2. 会计工作

（1）审核销售人员每日递交的销售单据，出纳人员递交的发票记账联和银行收款业务回单。审核无误后，根据原始凭证录入记账凭证。如无特殊情况，当天发生的业务应当在当天录入凭证并登记入账。

（2）审核采购人员每日递交的采购单据，仓库管理人员递交的入库库单，出纳人员递交的银行付款业务回单。根据原始凭证录入记账凭证。如无特殊情况，当天发生的业务应当在当天录入凭证并登记入账。

（3）审核出纳人员递交的费用报销单和费用发票，审核无误后录入凭证并登记入账。

（4）月末编制固定资产折旧明细表、无形资产摊销明细表并打印，作为固定资产折旧和无形资产摊销的原始凭证。

（5）审核行政人员递交的工资表，计提当月职工工资，根据行政人员递交的职工五险一金明细表计提职工的社保和公积金。次月发放工资后，以带有员工签名的工资表，作为发放工资的原始凭证。

（6）月末结转成本，计算增值税、消费税，计提城市维护建设税、教育费附加等税金。

（7）月末结转损益，结转本年利润，编制科目余额汇总表，登记总分类账，编制财务报表。

（8）每月在税务机关的规定时间内，申报企业核定的税种，并缴纳税款。申报完毕将纳税申报表打印并妥善保存，将税盘做远程清卡。

（9）每月将记账凭证装订完整，打印财务软件中的明细分类账和总分类账，整理进项发票抵扣联装订并汇总，妥善保存每月的纸质财务资料。

（10）在规定期限内进行年度企业所得税汇算清缴，完成企业工商信息年报公示。

（11）发票用完时领购发票，并办理税务机关要求的其他事项。

财务总监说

　　收支制度是小企业日常管理非常关键的一环，不要以为企业小，收支内容往往都是小额现金，不会出什么大问题，要知道，日积月累的疏漏一样会给企业带来灭顶之灾。

第 4 章

小企业涉及的常见税种

4.1　增值税

4.1.1　增值税概述

关键词：增值税

增值税：增值税是以商品或劳务在流转过程中产生的增值额作为计税依据而征收的一种流转税。简单来说，就是因商品或劳务的货币价值增加而增收的一种税。

增值税在我国是广泛征收的税种，增值税的征税范围到底有多广泛呢？在我国，几乎发生的一切涉及钱的行为都是增值税的应税范畴。

征税范畴的第一个方面是销售或进口货物。这里的货物是指有形动产，那么像日常生活中我们购电、购燃气、北方家庭冬天交的暖气费，就不需要交增值税了吗？答案是否定的，这里的货物还包括电力、热力、气体，由此看出，增值税真的是无孔不入，如果空气需要买卖，也会在增值税的征税范围内。

第二个方面是销售劳务。劳务包括加工和修理修配，在这里并没有特殊的规定，比较好理解，需要注意的是，征税范围不含单位或个体工商户聘用员工为本单位或者雇主提供的加工、修理修配劳务。

第三个方面是销售服务。这部分是营改增转移过来的内容，销售服务包括了生活中、工作中的一切服务，具体规定如下：

1. 交通运输服务

交通运输服务包括陆路运输服务、水路运输服务、航空运输服务和管道运输服务。水路运输的程租、期租业务，属于水路运输服务，航空运输的湿租业务属于航空运输服务。

2. 邮政服务

中国邮政集团公司及其所属邮政企业提供邮件寄递、邮政汇兑和机要通信等邮政基本服务的业务活动，包括邮政普遍服务、邮政特殊服务和其他邮政服务。

3. 电信服务

电信服务是指利用有线、无线的电磁系统或者光电系统等各种通信网络资源，提供语音通话服务，传送、发射、接收或者应用图像、短信等电子数据和信息的业务活动。包括基础电信服务和增值电信服务。

4. 建筑服务

建筑服务包括工程服务、安装服务、修缮服务、装饰服务和其他建筑服务。

5. 金融服务

金融服务是经营金融保险的业务活动，包括贷款服务、直接收费金融服务、保险服务和金融商品转让，不包括存款利息、被保险人获得的保险赔付。

6. 现代服务

现代服务包括研发和技术服务、信息技术服务、文化创意服务、物流辅助服务、租赁服务、鉴证咨询服务、广播影视服务、商务辅助服务和其他现代服务。水路运输的光租业务、航空运输的干租业务，属于经营租赁业务。

7. 生活服务

生活服务包括文化体育服务、教育医疗服务、旅游娱乐服务、餐饮住宿服务、居民日常服务和其他生活服务。

我国增值税税率有四档，分别为13%、9%、6%和零税率。增值税在每个增值环节都要增收一次，零税率指的并不是在某一环节税率为零，而是多个环节整体的税负为零，例如：出口商品出口时免税并退回之前环节缴纳的增值税。除了税率，增值税还有3%、5%两档征收率，适用于增值税小规模纳税人和选择简易计税方式的增值税一般纳税人。

增值税一般纳税人的税率如下表所示：

增值税税率表

税率	具体规定
基本税率13%	销售或进口货物（除适用10%的货物外）
	加工、修理修配劳务
	有形动产租赁服务

税率	具体规定	
低税率 9%	服务 无形资产 不动产类	交通运输服务
		邮政服务
		基础电信服务
		建筑服务
		不动产租赁服务
		销售不动产
	转让土地使用权（不含转让补充耕地指标）	
低税率 6%	现代服务：包括除了租赁服务的其他几类	
	增值电信服务	
	金融服务	
	生活服务	
	销售无形资产（不含转让土地使用权）	
零税率	纳税人出口货物	
	境内单位和个人跨境销售国务院规定范围内的服务和无形资产	

需要注意的是，增值税一般纳税人并不是只可以采用税率计算缴纳增值税，对于符合条件的特定业务，增值税一般纳税人也可以选择简易计税办法计税。例如，增值税一般纳税人销售自己使用过的固定资产、生产并销售抗癌药品等业务。可以选择简易计税办法的业务，一般属于没有进项税额或者不能明确计算出进项税额的项目。增值税一般纳税人可以选择简易计税，也可以放弃减税，一经选择 36 个月不得变更。

增值税小规模纳税人也并不是只可以采用征收率计税，进口货物的增值税小规模纳税人于报关进口环节在海关缴纳增值税时，按照适用税率进行。

4.1.2 增值税计算

关键词：一般纳税人　小规模纳税人

一般纳税人：指年应征增值税销售额超过财政部规定的小规模纳税人标准的纳税人。根据财政部规定，年应征增值税销售额在五百万元以上，且会计核算健全的单位或个体工商户，应当登记为一般纳税人。单若该单位或个体工商户不经常发生增值税应税行为，其可以选择按照小规模纳税人纳税。

小规模纳税人：年应征增值税销售额未超过财政部规定的小规模纳税人标准的纳税人。

增值税在我国虽然是广泛征收，但是实行差别管理，增值税有一般纳税人和小规模纳税人之分。年应征增值税销售额 500 万元及以下的纳税人为增值税小规模纳税人，超过这个标准的为增值税一般纳税人。年应税销售额没有达到规定标准但符合资格条件的，也可登记成为增值税一般纳税人。增值税的一般纳税人和小规模纳税人在计算上完全不同，我们分两部分来说明。

1. 一般纳税人

我们通过公式来了解增值税一般纳税人是如何计算税款的。具体公式如下：

$$增值税应纳税额＝当期销项税额－当期进项税额－上期留抵税额$$

甲企业为商贸企业，增值税一般纳税人。2020 年 1 月甲企业购进货物一批，取得销售方开具的增值税专用发票注明价款 100 万元，税款 13 万元。当月，甲企业将这批货物卖出，开具增值税专用发票注明价款 110 万元，税款 14.3 万元。

案例中的销售税款 14.3 万元是销项税额，购进货物取得的发票注明的税款 13 万元是进项税额，案例中甲企业在 2020 年 1 月份应当缴纳的增值税＝ 14.3 － 13 ＝ 1.3（万元）。

甲企业为商贸企业，增值税一般纳税人。2020年2月甲企业购进货物一批，取得销售方开具的增值税专用发票注明价款100万元，税款13万元。当月，甲企业将这批货物卖出一部分，开具增值税专用发票注明价款60万元，税款7.8万元。

案例中销项税额为7.8万元，进项税额为13万元，销项税额减去进项税额的差额为－5.2万元，由于差额是负数，所以2020年2月甲企业不需要缴纳增值税，5.2万元为留抵税额，以备下期抵扣。

接上一案例：2020年3月，甲企业将2月购进货物剩余部分卖出，开具增值税专用发票注明价款50万元，税款6.5万元。

案例中2020年3月的销项税额为6.5万元，进项税额为0，上个案例中的5.2万元没有抵扣的进项税额，就是上期留抵税额，2020年3月甲企业应当缴纳的增值税＝6.5－0－5.2＝1.3（万元）。

以上就是增值税税额的计算流程，需要注意的是，计算增值税的销售额包括向购买方收取的全部价款和价外费用，价外费用一般为含税收入，包括价外向购买方收取的手续费、补贴、基金、集资费、返还利润、奖励费、违约金、滞纳金、延期付款利息、赔偿金、代收款项、代垫款项、包装费、优质费以及其他各种性质的价外收费。允许抵扣的进项税额的抵扣凭证包括增值税专用发票、海关缴款书等，农产品收购发票、农产品销售发票、增值税电子普通发票等需要自行计算进项税额扣除。

2. 小规模纳税人

增值税小规模纳税人的计算更为简单，省略了进项税额这一部分。也就是说，小规模纳税人购进货物的进项税额是不可以抵扣的。有的读者可能会问，小规模纳税人因此是不是比一般纳税人多缴税了呢？我国税法本着公平的原则，既然进项税额不能抵扣，相应的销项税额也就低了。小规模纳税人采用征收率来计算税款，不同于上述的税率。我国增值税法定征收率为3%，某些特殊销售项目按照3%征收率减按2%征收增值税。具体计算公式如下：

应纳税额＝含税销售额÷（1＋征收率）×征收率

> 乙企业为增值税小规模纳税人，2020年1月购进一批货物，销售方为增值税一般纳税人，收到销售方开具的增值税普通发票注明价款20万元，税款2.6万元，乙企业将该批货物对外销售，开具增值税普通发票注明价款30万元，税款0.9万元。

案例中乙企业虽然是从增值税一般纳税人处购得货物，但是只取得了增值税普通发票，不能抵扣进项税额。一般纳税人只能给其他一般纳税人开具增值税专用发票，给小规模纳税人只能开具增值税普通发票。乙企业购货的价款20万元和税款2.6万元，都计入进货成本，即进货成本22.6万元。

乙企业本月应缴纳的增值税为0.9万元。如果案例中给出的假设是乙企业收取销售款30.9万元，代入公式，应纳税额＝30.9÷（1＋3%）×3%＝0.9（万元）。

4.1.3 增值税的税收优惠新政策

关键词：先征后退

先征后退： 先征后退是指对按税法规定缴纳的税款，由税务机关征收后，再由税务机关或财政部门按规定的程序给予部分或全部退税或返还已纳税款的一种税收优惠，其实质是一种特定方式的免税或减免规定。

由于增值税涉及广泛，所以它的优惠政策很多，本小节列举一些与小企业相关的税收优惠政策。

1. 免税项目

（1）幼儿园提供的保育和教育服务、养老机构提供的养老服务、残疾人福利机构提供的育养服务、婚姻介绍服务、殡葬服务、残疾人员本人为社会提供的服务、医疗机构提供的医疗服务、从事学历教育的学校提供的教育服务、学生勤工俭学提供的服务免征增值税。

（2）纪念馆、博物馆、文化馆、文物保护单位管理机构、美术馆、展览馆、书画院、图书馆在自己的场所提供文化体育服务取得的第一道门票收入免征增值税；寺院、宫观、清真寺和教堂举办文化、宗教活动的门票收入免征增值税。

（3）行政单位之外的其他单位收取的符合规定条件的政府性基金和行政事业性收费。

（4）纳税人提供技术转让、技术开发和与之相关的技术咨询、技术服务。

（5）学历教育的学校举办进修班、培训班取得的全部归该学校所有的收入。

（6）政府办职业学校设立的主要为在校学生提供实习场所、并由学校出资自办、经营收入归学校所有的企业，从事现代服务（不含融资租赁服务、广告服务和其他现代服务）、生活服务（不含文化体育服务、其他生活服务和桑拿、氧吧）业务活动取得的收入。

（7）家政服务企业由员工制家政服务员提供家政服务取得的收入、福利彩票和体育彩票的发行收入免征增值税。

（8）将土地使用权转让给农业生产者用于农业生产免征增值税，土地所有者出让土地使用权和土地使用者将土地使用权归还给土地所有者免征增值税。

（9）中国邮政集团公司及其所属邮政企业提供的邮政普遍服务、邮政特殊服务、为金融机构代办金融保险业务取得的代理收入免征增值税。

（10）境外教育机构与境内从事学历教育的学校开展中外合作办学，提供学历教育服务取得的收入免征增值税。

（11）图书批发、零售环节免征增值税。

（12）对国家级、省级科技企业孵化器、大学科技园和国家备案众创空间向在孵对象提供孵化服务取得的收入，免征增值税。

（13）纳税人取得的财政补贴收入，与其销售货物、劳务、服务、无形资产、不动产的收入或者数量直接挂钩的，应按规定计算缴纳增值税。纳税人取得的其他情形的财政补贴收入，不属于增值税应税收入，不征收增值税。

2. 即征即退项目

增值税的即征即退项目是按 13% 税率征收增值税，对增值税实际税负超过 3% 的部分实行增值税即征即退政策。具体项目如下：

一般纳税人销售其自行开发生产的软件产品。动漫企业增值税一般纳税人销售其自主开发生产的动漫软件。一般纳税人提供管道运输服务。经批准从事融资租赁业务的一般纳税人，提供有形动产融资租赁服务和有形动产融资性售后回租服务。安置残疾人的单位和个体工商户享受安置残疾人增值税即征即退优惠。

3. 扣减增值税项目

对于退役士兵创业就业和重点群体创业就业，在创业的前 3 年内按每户每年 12000 元为限额依次扣减其当年实际应缴纳的增值税、城市维护建设税、教育费附加、地方教育费附加和个人所得税。

4. 先征后退项目

机关报纸和机关期刊、中小学的学生课本、专为老年人出版发行的报纸和期刊等出版物在出版环节，增值税先征后退 100%。其他各类图书、期刊、音像制品、电子出版物，在出版环节增值税先征后退 50%。对少数民族文字出版物的印刷或制作等业务，增值税先征后退 100%。

4.2 消费税

4.2.1 消费税概述

◇◇

关键词：消费税

消费税：消费税是在对货物普遍征收增值税的基础上，选择少数应税消费品再征收的一个税种，主要是为了调节产品结构，引导社会消费方向，它以特定消费品的流转额作为征税对象。

　　我国消费税不同于增值税普遍征收，仅对特定的十几个税目征税。消费税的征收具有宏观调控的作用，可以帮助国家调整产业结构，增加税收收入。

　　消费税税目、税率如下表所示：

税目	税率
生产环节：甲类卷烟	
调拨价 70 元（不含增值税）/ 条以上（含 70 元）	56% 加 0.003 元 / 支
生产环节：乙类卷烟	
调拨价 70 元（不含增值税）/ 条以下	36% 加 0.003 元 / 支
商业批发环节：甲类卷烟乙类卷烟	11% 加 0.005 元 / 支
雪茄	36%
烟丝	30%
白酒	20% 加 0.5 元 /500 克（毫升）
黄酒	240 元 / 吨
甲类啤酒	250 元 / 吨

税目	税率
乙类啤酒	220 元 / 吨
其他酒	10%
高档化妆品	15%
金银首饰、铂金首饰和钻石及钻石饰品	5%
其他贵重首饰和珠宝玉石	10%
鞭炮、焰火	15%
汽油	1.52 元 / 升
柴油	1.20 元 / 升
航空煤油	1.20 元 / 升
石脑油	1.52 元 / 升
溶剂油	1.52 元 / 升
润滑油	1.52 元 / 升
燃料油	1.20 元 / 升
气缸容量 250 毫升（含 250 毫升）以下的摩托车	3%
气缸容量 250 毫升以上的摩托车	10%
气缸容量在 1.0 升（含 1.0 升）以下的乘用车	1%
气缸容量在 1.0 升以上至 1.5 升（含）的乘用车	3%
气缸容量在 1.5 升以上至 2.0 升（含）的乘用车	5%
气缸容量在 2.0 升以上至 2.5 升（含）的乘用车	9%
气缸容量在 2.5 升以上至 3.0 升（含）的乘用车	12%
气缸容量在 3.0 升以上至 4.0 升（含）的乘用车	25%
气缸容量在 4.0 升以上的乘用车	40%
中轻型商用客车	5%
超豪华小汽车（加征零售环节）	10%
高尔夫球及球具	10%

税目	税率
高档手表	20%
游艇	10%
木质一次性筷子	5%
实木地板	5%
电池	4%
涂料	4%

税目税率表中的税目都是应税消费品，在我国境内生产、委托加工、进口、批发、零售应税消费品的单位和个人为消费税的纳税义务人。

卷烟具体包括进口卷烟、白包卷烟、手工卷烟，卷烟不仅在生产、委托加工、进口环节征消费税，还要在批发环节加征一道消费税。

酒类应税消费品包括白酒、啤酒、黄酒、葡萄酒等，酒精、调味料酒不属于应税消费品的范围，葡萄酒消费税适用其他酒子目。白酒采用复合计税方式计税，啤酒根据价格标准不同采用不同的定额税率，甲类啤酒的标准为 250 元 / 吨、乙类啤酒的标准为 220 元 / 吨。有些餐饮业名为"啤酒屋"或其他利用啤酒生产设备生产啤酒的行业，应当对其生产销售的啤酒征收消费税。

高档化妆品包括高档美容、修饰类化妆品、高档护肤类化妆品和成套化妆品。对于是否高档的划分，是按照不含增值税在 10 元 / 毫升或 15 元 / 片及以上划分的。舞台、戏剧、影视演员化妆用的上妆油、卸妆油、油彩不在高档化妆品的范围内，不属于应税消费品。

贵重首饰及珠宝玉石具体包括以金、银、白金、宝石、珍珠、钻石、翡翠、珊瑚、玛瑙等高贵稀有物质以及其他金属、人造宝石等制作的各种纯金银首饰及镶嵌首饰和经采掘、打磨、加工的各种珠宝玉石。纯金银首饰及镶嵌首饰、铂金首饰、钻石及钻石饰品，在零售环节缴纳消费税，其他贵重首饰及珠宝玉石在生产、委托加工、进口环节缴纳消费税。税目税率表中的两种税率不仅是税率不同，缴纳消费税的环节也不同。

成品油包括汽油、柴油、石脑油、溶剂油、航空煤油、润滑油、燃料油。其中航空煤油暂缓征收消费税，变压器油、导热类油等绝缘油类产品不属于应税消费品的范围，不征收消费税。

消费税的税目税率表看似复杂，其实有一定的规律。消费税的 15 个税目里，卷烟和白酒采用复合计税方式，啤酒、黄酒、成品油采用定额税率计税，其他税目均采用比例税率计税。卷烟在批发环节加征消费税，超豪华小汽车在零售环节加征消费税，金银首饰、铂金首饰和钻石及钻石饰品在零售环节征收消费税。除了这三项特殊之外，其他税目均在生产、委托加工、进口环节计算缴纳消费税。

需要注意的是，卷烟生产厂家将卷烟批发给卷烟批发商，属于在出厂销售环节缴纳消费税。卷烟批发商再将卷烟批发给另一个批发商，这个环节不缴纳消费税。只有卷烟批发商将卷烟批发给卷烟经销商，才根据加征的税率计算缴纳消费税。卷烟批发商将卷烟直接零售给消费者，无法区分批发环节还是零售环节，按照批发环节计算缴纳消费税。

4.2.2 消费税计算

关键词：从价计征　从量计征

从价计征：指根据被征税对象的价值为计税依据的征税方法。

从量计征：指根据被征税对象的重量、件数、容量或者面积等为计税依据的征税方法。

从消费税税目税率表可以看出，消费税的计算包括从价计征、从量计征和复合计征。以黄酒为例，黄酒的税率是 240 元 / 吨，为从量计征的定额税率。其他酒的税率是 10%，为从价计征的比例税率。以白酒为例，白酒的税率是"20% 加 0.5 元 /500 克（mL）"，是既要从价计征又要从量计征的复合计税。

具体计算公式如下：

从价定率计征：

$$应纳税额 = 销售额 \times 税率$$

从量定额计征：

$$应纳税额 = 销售数量 \times 定额税率$$

复合计征：

$$应纳税额 = 销售额 \times 税率 + 销售数量 \times 定额税率$$

一般情况下，消费税都是按照前面给出的公式计算的。委托加工属于消费税中的特殊情况，委托加工应税消费品是指委托方提供原料和主要材料，受托方只收取加工费和代垫部分辅助材料加工的应税消费品。如果受托方有同类消费品的销售价格，就以受托方的价格为准，如果受托方没有同类消费品的销售价格，就需要组成计税价格，具体公式如下：

从价定率下的组成计税价格：

$$组成计税价格 = （材料成本 + 加工费）\div （1 - 比例税率）$$

复合计税下的组成计税价格：

组成计税价格＝（材料成本＋加工费＋委托加工数量 × 定额税率）÷（1－比例税率）

实战案例

甲企业为酒类生产企业，2020 年 3 月，销售黄酒 200 吨销售额 20 万元，药酒 500 斤销售额 5 万元，白酒 100 吨销售额 30 万元，假设不考虑增值税，计算甲企业应当缴纳的消费税。

黄酒的税率是 240 元／吨，黄酒应纳消费税额＝200×240＝48000（元）。

药酒属于其他酒税目，税率为 10%，药酒应纳消费税额＝50000×10%＝5000（元）。

白酒的从价税率为 20%，从量税率为 0.5 元／500 克（mL），换算后为 1000 元／吨，白酒应纳消费税额＝300000×20%＋100×1000＝160000（元）。

乙企业委托丙企业加工一批应税消费品，乙企业提供 25 万元的主要材料，丙企业收取加工费 2 万元。丙企业没有同类消费品的价格，需要进行组成计税价格。假设不考虑其他因素，该应税消费品适用的消费税税率为 10%。

组成计税价格＝（25＋2）÷（1－10%）＝30（万元）

应交消费税＝30×10%＝3（万元）

材料成本是指委托方所提供加工材料的实际成本，如果加工合同上未如实注明材料成本，受托方所在地主管税务机关有权核定其材料成本。加工费是指受托方加工应税消费品向委托方所收取的全部费用，包括代垫辅助材料的实际成本。

委托加工的应税消费品在提取货物时已由受托方代收代缴了消费税，委托方收回后以不高于受托方计税价格直接销售的，不再缴纳消费税。高于受托方计税价格销售的，需计算缴纳消费税，并可在符合条件的前提下，抵扣该消费品委托加工环节被代收的消费税。

4.2.3 消费税的税收优惠新政策

消费税并非普遍征收，仅对特定产品征收，这部分产品并不是老百姓生活的必需品，国家对其征税主要是为了宏观调控和增加税收。因此，消费税优惠政策很少，远远不及增值税和企业所得税。本节列举两个消费税税收优惠新政策，具体内容如下。

（1）自 2020 年 1 月 1 日起，单位和个体工商户将自产、委托加工或购买的货物，通过公益性社会组织和县级以上人民政府及其部门等国家机关，或者直接向承担疫情防治任务的医院，无偿捐赠用于应对新型冠状病毒感染的肺炎疫情的，免征增值税、消费税、城市维护建设税、教育费附加、地方教育费附加。

纳税人按规定享受免征增值税、消费税优惠的，可自主进行免税申报，无须办理有关免税备案手续，但应将相关证明材料留存备查，在办理消费税纳税申报时，应当填写消费税纳税申报表及《本期减（免）税额明细表》相应栏次。

纳税人已将适用免税政策的销售额、销售数量，按照征税销售额、销售数量进行增值税、消费税纳税申报的，可以选择更正当期申报或者在下期申报时调整。已征应予免征的增值税、消费税税款，可以予以退还或者分别抵减纳税人以后应缴纳的增值税、消费税税款。

（2）自 2020 年 1 月 1 日至 2020 年 3 月 31 日，适度扩大《慈善捐赠物资免征进口税收暂行办法》规定的免税进口范围，对捐赠用于疫情防控的进口物资，免征进口关税和进口环节增值税、消费税。

①进口物资增加试剂，消毒物品，防护用品，救护车、防疫车、消毒用车、应急指挥车。

②免税范围增加国内有关政府部门、企事业单位、社会团体、个人以及来华或在华的外国公民从境外或海关特殊监管区域进口并直接捐赠；境内加工贸易企业

捐赠。捐赠物资应直接用于防控疫情且符合前述第（1）项或《慈善捐赠物资免征进口税收暂行办法》规定。

③ 受赠人增加省级民政部门或其指定的单位。省级民政部门将指定的单位名单函告所在地直属海关及省级税务部门。

免税进口物资，已征收的应免税款予以退还，其中已征税进口且尚未申报增值税进项税额抵扣的，可凭主管税务机关出具的防控新型冠状病毒感染的肺炎疫情进口物资增值税进项税额未抵扣证明，向海关申请办理退还已征进口关税和进口环节增值税、消费税手续。

上述两个免税政策是在新型冠状病毒感染的肺炎疫情期间出台的，不是单独针对消费税的，增值税和附加税（费）都有涉及。

4.3 企业所得税

4.3.1 企业所得税概述

关键词：企业所得税

企业所得税：企业所得税是对我国境内的企业和其他取得收入的组织的生产经营所得和其他所得征收的一种所得税。

我国税法规定，凡是在中华人民共和国境内的企业和其他取得收入的组织，都是征收企业所得税的纳税人，但个人独资企业、合伙企业除外。

缴纳企业所得税的企业分为居民企业和非居民企业，分别承担不同的纳税责任。居民企业是指依法在中国境内成立，或者依照外国地区法律成立但实际管理机构在中国境内的企业。非居民企业，是指依照外国地区法律成立且实际管理机构不在中国境内，在中国境内设立机构、场所的，或者在中国境内未设立机构、场所，但有来源于中国境内所得的企业。

企业所得税的税率为25%的比例税率，非居民企业的税率为20%。我国的居民企业的征税对象为来源于中国境内、境外的所得。非居民企业的征税对象就其在境内是否设立机构场所，有着不同的规定。对于在境内设立机构场所的非居民企业，应当就其来源于境内，以及发生在境外但与境内所设机构、场所有实际联系的所得缴纳企业所得税。在中国境内未设立机构、场所的，或者虽设立机构、场所但取得的所得与其所设机构、场所没有实际联系的，应当就其来源于中国境内的所得缴纳企业所得税。企业所得税的征税对象从内容上看包括生产经营所得、其他所得和清算所得。

企业取得的经营所得为取得各种收入扣除成本费用后的差额。计入企业所得税计税依据的收入具体包括销售货物收入、提供劳务收入、转让财产收入、股息红利等权益性投资收益、利息收入、租金收入、特许权使用费收入、接受捐赠收入、其他收入。扣除的成本费用项目具体包括与收入相匹配的成本、费用、税金、损失等。

企业在计算企业所得税时，并不是会计上计入损益的项目都可以进行企业所得税税前扣除的。在会计处理和税法规定存在差异时，以税法规定为准，以经过调整后的会计处理的结果，作为计算企业所得税的计税依据。

企业所得税税前不允许扣除的项目如下：

（1）企业购买固定资产或者自行建造固定资产的支出，不能直接在税前扣除，应当计提折旧，在使用期限内均匀扣除。目前我国税法规定的一次性折旧的优惠，当期购入的符合固定资产在当期可以一次计提折旧计入当期损益，虽然最终结果和将购入固定资产的支出进行税前扣除一样，但是政策上是针对折旧方法的规定，购买固定资产或自行建造固定资产的支出，仍不能直接税前扣除。

（2）企业购买无形资产或自行开发无形资产的支出，不能直接在税前扣除，应当在使用期限内摊销，均匀计入使用期限内的当期损益。

（3）企业在每个会计期末，对资产的价值进行重新评估所计提的资产减值准备，不能够税前扣除。在介绍无形资产时，我们了解到，会计上对无形资产进行后续处理有两种方法，对于有使用寿命的无形资产是在使用期限内摊销扣除，对于使用寿命不确定的无形资产，在每个会计期末对无形资产进行估值，贬值的计提相应减值准备。税法规定无形资产只能在使用期限内摊销扣除，资产减值损失是企业的一种估计，不能进行税前扣除的。

（4）企业违反国家法律法规和规章，被有关部门处以的罚款以及被没收财物的损失，不得在税前扣除。处罚包括税务部门的罚金、罚款和滞纳金，也包括违规经营所缴纳的罚款和没收的财物。

我国企业所得税采用按月或季度预缴，按年度汇算清缴的征收模式。我国税法对可以进行税前扣除的一些费用项目有特殊规定，这些项目需要根据年收入按照一定比例来计算，并不能将会计上记录的费用全额扣除。企业在每月或每季度预缴企业所得税时，由于无法获知全年数据，无法计算出特殊费用项目可以扣除的限额，从而无法调整应纳税所得额。汇算清缴按年度核算，进行汇算清缴时，企业应当按照税法规定，对不允许扣除的金额进行调整。企业应当于每年 5 月 31 日前进行上一年度的企业所得税汇算清缴，申报企业所得税年报并缴纳税款。

4.3.2 企业所得税计算

关键词：计税基数

计税基数：计税基数是指税务机关在征收税收时，计算纳税人应缴税额的基数，通俗来说就是应缴税基数减去应扣除基数，在计算企业所得税时为应纳税所得额。

企业所得税的计算，以应纳税所得额为计税依据。那么，什么是应纳税所得额呢？

计算企业所得税的应纳税所得额，是以企业的各类收入包括主营业务收入、其他业务收入、营业外收入等，减去各类成本费用包括主营业务成本、其他业务成本、营业外支出、销售费用、管理费用、财务费用等，得到的差额。上述各类收入和成本费用，都必须以税法规定的口径计算。此种方法为直接计算法，应纳税所得额的公式如下：

应纳税所得额＝收入总额－不征税收入－免税收入－各项扣除金额－允许弥补的以前年度亏损

企业在每个会计期间，都会编制利润表，如果企业的账务处理和税法规定完全没有差异，利润总额就是应纳税所得额。但是在日常工作中，会计的日常处理和税法的差异不可避免，在计算缴纳所得税时，就需要以企业的利润总额为基数进行纳税调整，如果会计少记了收入，就进行调增处理，会计少记了费用，就进行调减处理。此种方法属于间接计算法，应纳税所得额的计算公式如下：

应纳税所得额＝会计利润总额 ± 纳税调整项目金额

企业所得税的计算公式为：

应纳所得税额＝应纳税所得额 × 税率

企业在实际工作中，通常采用间接法计算企业所得税额，原因是利润表中利润总额的数据是已知的，只要找出会计处理与税法规定的差异，进行调整，就可以得到应纳税所得额。

常见的会计处理与税法的差异如下：

1. 国债利息收入

企业在获得国债利息收入时，计入收入，从而影响利润总额。国债利息收入是免征企业所得税的，所以涉及国债利息收入的企业，在用间接法计算企业所得税时，要进行纳税调减。

2. 符合条件的居民企业之间的股息、红利等权益性投资收益

企业取得居民企业之间的股息、红利等权益性投资收益计入投资收益，从而影响利润表上的利润总额。符合条件的居民企业之间的股息、红利等权益性投资收益属于免征企业所得税项目，所以涉及此类投资收益的企业，在用间接法计算企业所得税时，要进行纳税调减。

3. 财政拨款

企业取得的财政拨款，属于企业所得税中的不征税项目，涉及此项收入的企业计算企业所得税时，应当进行纳税调减。

4. 税收滞纳金

企业在经营过程发生税收滞纳金，是企业的经济利益流出，会计上将这部分支出计入营业外支出，影响利润表上的利润总额。税法规定税收滞纳金不可以在计算企业所得税时扣除，也就是说，以利润总额为基础，要把已经扣除的税收滞纳金金额再加回来，进行纳税调增。

5. 业务招待费

涉及业务招待费的企业一定会产生会计处理和税法规定上的差异。企业实际发生多少业务招待费，就按照多少计入费用，从而影响利润总额的数值。税法规定，可以税前扣除的业务招待费，按照实际发生额的 60% 扣除，但最高不得超过当年销售（营业）收入的 5‰。

也就是说，实际发生额的 60% 和当年销售收入的 5‰，哪个低按哪个扣除。按企业实际记录的业务招待费和扣除标准的差额进行纳税调增。

6. 职工福利费

企业的职工福利费在进行会计处理时，按照实际发生额计量，从而影响利润表上的利润总额。税法规定，职工福利费在不超过工资薪金总额 14% 的部分允许扣除，超过部分不得扣除。如果企业记录的职工福利费超过标准，就要对差额部分进行纳税调增，如果没有超过标准，就不需要调整。

7. 工会经费

企业的工会经费在进行会计处理时，按照发生额全额计入费用，从而影响利润表上的利润总额。税法规定，工会经费不超过工资薪金总额2%的部分允许扣除，超过部分不得扣除。如果企业记录的工会经费超过标准，就要对差额部分进行纳税调增，如果没有超过标准，就不需要调整。

实战案例

甲企业为商业企业，2019年度，利润表上的本年累计利润总额为8万元，甲企业符合小微企业认定条件。2019年甲企业利润表上的部分数据如下：

营业收入85万元，职工工资22万元，业务招待费1万元，职工福利费4万元。不考虑其他因素，计算甲企业需要缴纳的企业所得税。

甲企业对业务招待费应当进行纳税调整，业务招待费的60%为6000元，营业收入的5‰为4250元，按照税法的口径，业务招待费只能在税前扣除4250元，而甲企业账目上记录的扣除为1万元。甲企业应当对利润总额进行纳税调增，调增金额为1万元与4250元的差额，即5750元。

税法规定职工福利的扣除标准为工资总额的14%，即22万元的14%为30800元，甲企业已经计入费用的职工福利费为4万元，超过税法规定的标准，应当对差额9200元进行纳税调增。

甲企业调整后的利润总额即应纳税所得额＝80000＋9200＋5750＝94950元。

甲企业符合小微企业认定条件，甲企业应纳所得税＝94950×25%×20%＝4747.5元。

8. 职工教育经费

企业的职工教育经费在进行会计处理时，按照发生额全额计入费用，从而影响利润表上的利润总额。税法规定，职工教育经费不超过工资薪金总额8%的部分允许扣除，超过部分准予在以后纳税年度结转扣除。如果企业记录的职工教育经费超过标准，就要对差额部分进行纳税调增，如果没有超过标准，就不需要调整。

关于符合条件的小型微利企业在企业所得税上的税收优惠，根据《财政部 税务总局关于实施小微企业普惠性税收减免政策的通知》（财税〔2019〕13号）节选如下：

"对小型微利企业年应纳税所得额不超过100万元的部分，减按25%计入应纳税所得额，按 20% 的税率缴纳企业所得税；对年应纳税所得额超过 100 万元但不超过 300 万元的部分，减按 50% 计入应纳税所得额，按 20% 的税率缴纳企业所得税。"

也就是说，应纳税所得额小于 100 万元的企业，企业所得税实际税率减至 5%，应纳税所得额大于 100 万元但不超过 300 万元的部分，企业所得税实际税率减至 10%。

4.3.3　企业所得税的税收优惠新政策

我国税法对企业所得税的税收优惠除了前面小节提到的小微企业优惠政策，还涉及各方面的多种税收优惠政策，节选如下：

（1）企业从事蔬菜、谷物、油料、豆类、水果等种植、农作物新品种选育、中药材种植、林木种植、牲畜、家禽饲养、林产品采集、灌溉、农产品加工、农机作业与维修、远洋捕捞等免征企业所得税。

（2）企业从事花卉种植、茶及饮料作物种植、香料作物的种植、海水养殖、内陆养殖减半征收企业所得税。

（3）从事国家重点扶持的公共基础设施项目，如港口码头、机场、铁路、公路、电力、水利等项目，对于这些项目的投资经营的所得，自项目取得第一笔生产经营收入年度起，第一年至第三年免征企业所得税，第四年至第六年减半征收企业所得税。需要注意的是，享受优惠的是能源交通基础设施投资经营项目，而承包经营、承包建设项目或自建自用项目是不能享受上述优惠政策的。

（4）从事符合条件的环境保护、节能节水项目，自项目取得第一笔生产经营收入年度起，第一年至第三年免征企业所得税，第四年至第六年减半征收企业所得税。

（5）符合条件的技术转让所得，在一个纳税年度内，居民企业技术转让所得在 500 万元以下的，免征企业所得税，超过 500 万元的部分，减半征收企业所得税。

（6）企业购置用于环境保护、节能节水、安全生产等专用设备，是指企业购置并实际使用《环境保护专用设备企业所得税优惠目录》《节能节水专用设备企业所得税优惠目录》和《安全生产专用设备企业所得税优惠目录》规定的环境保护、节能节水、安全生产等专用设备的，该专用设备的投资额的10%可以从企业当年的应纳税额中抵免；当年不足抵免的，可以在以后 5 个纳税年度结转抵免。

（7）企业开展研发活动中实际发生的研发费用，在 2018 年 1 月 1 日至 2020 年 12 月 31 日期间，未形成无形资产的，在据实扣除的基础上，按照实际发生额的 75% 加计扣除。形成无形资产的，按照 175% 税前摊销。

（8）企业安置残疾人员所支付的工资的加计扣除，是指企业安置残疾人员的，在按照支付给残疾职工工资据实扣除的基础上，按照支付给残疾职工工资的 100% 加计扣除。

（9）创业投资企业从事国家需要重点扶持和鼓励的创业投资，可以按投资额一定比例抵扣应纳税所得额。所称抵扣应纳税所得额，是指创业投资企业采取股权投资方式投资于未上市的中小高新技术企业 2 年以上的，可以按照其投资额的 70% 在股权持有满 2 年的当年抵扣该创业投资企业的应纳税所得额，当年不足抵扣的，可以在以后纳税年度结转抵扣。

（10）企业在 2018 年 1 月 1 日至 2020 年 12 月 31 日期间新购进的设备、器具（指除房屋、建筑物以外的固定资产），单位价值不超过 500 万元的，允许一次性计入当期成本费用在计算应纳税所得额时扣除，不再分年度计算折旧；单位价值超过 500 万元的，仍按相关规定执行。

（11）国家重点扶持的高新技术企业和经认定的技术先进型服务企业，减按 15% 的税率征收企业所得税。

（12）自 2011 年 1 月 1 日至 2020 年 12 月 31 日，对设在西部地区的国家鼓励类产业企业减按 15% 的税率征收企业所得税。

（13）自 2019 年 1 月 1 日起至 2021 年 12 月 31 日，对符合条件的从事污染防治的第三方企业减按 15% 的税率征收企业所得税。

4.4 个人所得税

4.4.1 个人所得税概述

我国的居民个人，对个人所得税负有无限纳税义务，居民个人取得的来源于中国境内和中国境外任何地方应纳税所得，都要在中国缴纳个人所得税，承担有限纳税义务。我国的非居民个人只就其来源于中国境内的所得，向我国缴纳个人所得税。

很多10人以下的小企业不全是公司制企业，也有一部分自然人性质的企业。公司制企业的经营所得缴纳企业所得税，自然人性质的企业缴纳个人所得税。

个人所得税的征税范围和具体规定如下表所示：

纳税义务人	判定标准	征税对象
（1）居民个人 （负无限纳税义务）	① 在中国境内有住所的个人	境内所得
	② 在中国境内无住所，而一个纳税年度在中国境内居住累计满183天的个人	境外所得
（2）非居民个人 （负有限纳税义务）	① 在中国境内无住所且不居住的个人	境内所得
	② 无住所而一个纳税年度内在境内居住累计不满183天的个人	

1. 工资、薪金所得

工资、薪金所得是指个人因任职或者受雇而取得的工资、薪金、奖金、年终加薪、劳动分红、津贴、补贴以及与任职或者受雇有关的其他所得。

工资、薪金所得除了上述显而易见归属于工资、薪金的项目。还包括公司职工取得的用于购买企业国有股权的劳动分红；出租汽车经营单位对出租车驾驶员采取单车承包或承租方式运营，出租车驾驶员从事客货营运取得的收入；解除劳动合同的经济补偿金；退休人员再任职；企业年金和职业年金；股票期权的行权等项目。

2. 劳务报酬所得

劳务报酬所得，是指个人独立从事各种非雇用的劳务取得的所得。包括设计、装潢、安装、制图、化验、测试、医疗、法律、会计、咨询、讲学、翻译、审稿、书画、雕刻、影视、录音、录像、演出、表演、广告、展览、技术服务、介绍服务、经纪服务、代办服务以及其他劳务。

3. 稿酬所得

个人因其作品以图书、报刊形式出版、发表而取得的所得。

4. 特许权使用费所得

个人提供专利权、商标权、著作权、非专利技术以及其他特许权的使用权取得的所得。

以上四项为居民个人综合所得包含的项目，在计算综合所得时，工资、薪金所得全额计入收入额。劳务报酬所得和特许权使用费所得按照实际取得收入的80%计入综合所得。稿酬所得以实际收入减除20%的费用后，减按70%计入综合所得。

5. 经营所得

经营所得包括个体工商户从事生产、经营活动取得的所得；个人独资企业投资人、合伙企业的个人合伙人来源于境内注册的个人独资企业、合伙企业生产、经营的所得；个人依法从事办学、医疗、咨询以及其他有偿服务活动取得的所得；个人对企业、事业单位承包经营、承租经营以及转包、转租取得的所得；个人从事其他生产、经营活动取得的所得。经营所得以全年收入总额减去成本费用的余额作为计税依据。

6. 利息、股息、红利所得

利息、股息、红利所得是指个人拥有债权、股权而取得的利息、股息、红利所得。

7. 财产租赁所得

财产租赁所得是指个人出租不动产、机器设备、车船以及其他财产取得的所得。

每次（月）收入不足4000元的，应纳税所得额＝每次（月）收入额－准予扣除项目－修缮费用（800为限）－800元。

每次（月）收入 4000 元以上的，应纳税所得额＝[每次（月）收入额－准予扣除项目－修缮费用（800 为限）]×（1 － 20%）。

8. 财产转让所得

财产转让所得，是指个人转让有价证券、股权、合伙企业中的财产份额、不动产、机器设备、车船以及其他财产取得的所得。财产转让所得以收入总额减去财产原值和合理费用作为计税依据。

9. 偶然所得

偶然所得，是指个人得奖、中奖、中彩以及其他偶然性质的所得。还包括：企业向个人支付不竞争款项；企业对累积消费达到一定额度的顾客给予的额外抽奖；个人为单位或其他个人担保取得的收入；个人房产所有人将房屋产权无偿赠予他人的，受赠人因无偿受赠房屋取得的受赠所得等项目。

关于个人所得税捐赠支出，我国税法有着特殊的规定：

"个人通过中华人民共和国境内公益性社会组织、县级以上人民政府及其部门等国家机关，向教育、扶贫、济困等公益慈善事业发生的公益捐赠支出，可以按照个人所得税法有关规定在计算应纳税所得额时扣除。捐赠额未超过纳税人申报的应纳税所得额 30% 的部分，可从其应纳税所得额中扣除。

非居民个人发生的公益捐赠支出，未超过其在公益捐赠支出发生的当月应纳税所得额 30% 部分，可以从其应纳税所得额中扣除。扣除不完的公益捐赠支出，可以在经营所得中继续扣除。"

4.4.2　个人所得税计算

关键词：**超额累计税率　速算扣除数**

超额累计税率：超额累计税率是把全部计税基数分成若干等级部分，每个等级部分分别按相应的税率计征，税额计算较为复杂。

速算扣除数：速算扣除数是指为解决超额累进税率分级计算税额的复杂技术问题，而预先计算出的一个数据。

1. 综合所得

综合所得在计算时，将属于综合所得的工资薪金所得、劳务报酬所得、稿酬所得、特许权使用费所得按照规定计入总所得，以减除扣除项目的余额作为应纳税所得额，计算个人所得税。

综合所得的扣除项目包括基本减除费用、专项扣除、专项附加扣除和其他扣除。基本减除费用为每月 5000 元（每年 60000 元）；专项扣除为居民个人按照国家规定的范围和标准缴纳的基本养老保险、基本医疗保险、失业保险等社会保险费和住房公积金等；专项附加扣除包括子女教育、继续教育、大病医疗、住房贷款利息、住房租金、赡养老人费用。

个人所得税中的综合所得适用于七级超额累进税率，如下表所示：

综合所得个人所得税税率表（居民个人适用）

级数	全年应纳税所得额	税率（%）	速算扣除数（元）
1	不超过 36000 元的	3	0
2	超过 36000 元至 144000 元的部分	10	2520
3	超过 144000 元至 300000 元的部分	20	16920
4	超过 300000 元至 420000 元的部分	25	31920

级数	全年应纳税所得额	税率（%）	速算扣除数（元）
5	超过 420000 元至 660000 元的部分	30	52920
6	超过 660000 元至 960000 元的部分	35	85920
7	超过 960000 元的部分	45	181920

2. 经营所得

经营所得按年度征收，每月或者每个季度预交，于次年 3 月 31 日前进行汇算清缴，这一点和企业所得税的规定类似，只是汇算清缴的时间限制不同。以每个纳税年度的总收入减去总成本、费用损失后的余额作为个人所得税中经营所得的应纳税所得额。经营所得是针对个体工商户、个人独资企业这类自然人性质的企业征收个人所得税，以自然人性质的企业的业主作为纳税义务人，而不是自然人性质企业的本身。

成本是指生产经营过程中发生的与营业收入相匹配的直接成本，费用损失包括销售费用、管理费用、财务费用、存货的盘亏损失、坏账损失等。允许扣除的金额仅限于与生产经营有关的费用，个体工商户业主与经营无关的家庭支出不能扣除。对于生产经营的支出和家庭支出难以区分的，允许将混合支出中的 40% 作为经营支出进行扣除。

如果取得经营所得的纳税人同时也取得综合所得，在计算综合所得时已经扣除综合所得可以扣除的几个项目，在计算经营所得时不再进行重复扣除。如果取得经营所得的纳税人没有综合所得，在计算经营所得时，要减去综合所得的扣除项目，即基本扣除费用每年 60000 元、专项扣除、专项附加扣除和依法确定的其他扣除。

个人所得税中的经营所得适用五级超额累进税率，如下表所示：

级数	全年应纳税所得额	税率（%）	速算扣除数（元）
1	不超过 30000 元的	5	0
2	超过 30000 元至 90000 元的部分	10	1500
3	超过 90000 元至 300000 元的部分	20	10500
4	超过 300000 元至 500000 元的部分	30	40500
5	超过 500000 元的部分	35	65500

3. 财产租赁所得

财产租赁所得适用税率为20%，将上个小节中的应纳税所得额乘以适用税率便可以计算出财产租赁所得应缴纳的个人所得税。不是所有财产租赁所得都是按照20%的税率计算，个人按照市场价格出租住房取得的财产租赁所得，按照10%计算缴纳个人所得税。

4. 财产转让所得

财产转让所得适用税率为20%，与财产租赁所得相同。将上个小节中财产转让所得的应纳税所得额乘以适用税率，便可以计算出应缴纳的个人所得税。

实战案例

李某为个体工商户业主，经营×个体工商企业。2019年，×个体工商户取得收入60万元，允许扣除的成本费用为45万元。李某没有综合所得，是独生子女，需要赡养其65岁的母亲。

由于李某没有综合所得，在计算经营所得时，扣除基本减除费用每年6万元和赡养老人的专项附加扣除每年2.4万元。

李某全年应纳税所得额 ＝ 60 － 45 － 6 － 2.4 ＝ 6.6（万元）。

适用于五级超额累进税率表中的第二级，税率为10%，速算扣除数为1500元。

李某应缴纳的个人所得税 ＝ 66000×10% － 1500 ＝ 5100（元）。

5. 利息、股息、红利所得

利息、股息、红利所得按照实际取得的收入全额计入应纳税所得额，不扣除相关的费用。适用20%的税率，以该项目每次取得的全额收入乘以适用税率，便可计算应缴纳的个人所得税。

6. 偶然所得

偶然所得按次计税，不扣除相关费用，适用20%的税率。以每次取得偶然所得的全额乘以适用税率，便可以计算出应缴纳的个人所得税。

4.4.3 个人所得税的税收优惠新政策

我国税法关于个人所得税的优惠，节选如下：

1. 免税优惠

（1）省级人民政府、国务院部委、中国人民解放军以上单位，以及外国组织颁发的科学、教育、技术、文化、卫生、体育、环境保护等方面的奖金，免征个人所得税。

（2）国债利息、国家发行的金融债券利息、地方政府债券利息，免征个人所得税。

（3）按国家统一规定发给的补贴、津贴，免征个人所得税。

（4）福利费、抚恤金、救济金，免征个人所得税。

（5）保险赔款免征个人所得税。

（6）军人的转业费、复员费，免征个人所得税。

（7）离退休工资免征个人所得税。

（8）驻华使馆、领事馆的人员免征个人所得税。

（9）中国政府参加的国际公约以及签订的协议中规定免税的所得，免征个人所得税。

（10）政府或够条件的机构发放的见义勇为奖金，免征个人所得税。

（11）企业和个人按照省级以上人民政府规定的标准，以个人工资中的部分作为社会保险免征个人所得税。

（12）对个体工商户或个人，以及个人独资企业和合伙企业从事种植业、养殖业、饲养业、捕捞业所得，免征个人所得税。

（13）个人举报、协查违法、犯罪而获得的奖金，免征个人所得税。

（14）个人办理代扣代缴税款的手续费，免征个人所得税。

116

（15）个人转让自用达 5 年以上并且是唯一的家庭居住用房取得的所得，免征个人所得税。

（16）达到离退休年龄，但却因工作需要，适当延长离退休年龄的高级专家，在延长离退休期间的工资、薪金所得，视同退休工资、离休工资，免征个人所得税。

（17）外籍个人从外商投资企业取得的股息、红利所得，免征个人所得税。

（18）符合条件的外籍专家取得的工资、薪金所得，免征个人所得税。

（19）对被拆迁人按照国家有关城镇房屋拆迁管理办法规定的标准取得的拆迁补偿款，免征个人所得税。

（20）对个人转让上市公司股票取得的所得，暂免征收个人所得税。

（21）个人取得的中奖所得，暂免征收个人所得税。

（22）个人按规定取得的廉租住房货币补贴，免征个人所得税。

2. 减征优惠

（1）个人投资者持有 2019 ～ 2023 年发行的铁路债券取得的利息收入，减按 50% 计入应纳税所得额计算征收个人所得税。

（2）自 2019 年 1 月 1 日至 2023 年 12 月 31 日，一个纳税年度内在船航行时间累计满 183 天的远洋船员，其取得的工资薪金收入减按 50% 计入应纳税所得额缴纳个人所得税。

4.5 其他税种

4.5.1 房产税的税务处理

关键词：房产税

房产税： 房产税是以房屋为征税对象，按房屋的计税余值或租金收入为计税依据，向产权所有人征收的一种财产税，目前我国房产税只集中于经营性房产领域，普适性的房产税还在论证阶段。

房产税是一种财产税，房产税的纳税义务人为拥有房产这项财产的个人或者企业。具体包括国家所有和集体、个人所有房屋的产权所有人、承典人、代管人或使用人三类。

房产产权归国家所有的，由实际使用单位缴纳房产税，即负责经营管理的单位；房产产权归集体所有的，集体单位为房产税的纳税人；房产产权归个人所有的，则个人为房产税的纳税人；房产所有人将产权出典的，承典人为房产税纳税人，这里需要注意，并不是以产权所有人为纳税人；产权所有人、承典人不在房屋所在地的，该房产代为管理的人或实际使用人为纳税人；房产的产权不明或涉及产权纠纷的，也是由该房产代为管理的人或实际使用人为纳税人。

不是所有的房产都要缴纳房产税，城市、县城、建制镇、工矿区是房产税的征税范围，农村住房不在房产税的征税范围内。需要注意的是，并不是所有的建筑物都是房产，征收房产税的建筑物必须有房屋的基本结构，例如露天的游泳池不征收房产税。房屋的各种附属设施，不能与房屋分割使用而且属于房屋的一部分，应当视同房屋征收房产税。一些独立存在的建筑物，并不属于房屋的一部分，例如围墙等，并不属于房屋不需要征收房产税。

用于经营自用的房产，按照房产价值计征房产税。用于出租的房产，按照收取的租金计征房产税。因此，房产税的计算分为从价计征和从租计征，适用税率如下表所示：

税率	适用情况
1.2%	自有房产用于生产经营
12%	出租非居住的房产取得租金收入
4%	个人出租住房（不分出租后用途）

从价计征的，以房产原值减去 10%～30% 的损耗价值后的余额为计税依据。那么，什么是房产原值呢？房产原值就是产权人取得房产时支付的价格，一般以企业的会计账簿中记录的数据为准。

需要注意的是，房屋中的各种不能与房屋分割使用的附属设施，应当计入房产原值，例如房屋的采暖设备、中央空调、消防设备、给排水设备等。房产的所有人取得房屋后，对房屋进行增值改建、扩张改建的，应当将更新改造的金额计入房产原值。房产原值不仅包括房产本身的价值，还包括企业取得土地使用权所支付的地价。

对于房产所有人取得土地使用权支付的地价，有一项特殊规定：土地容积率低于 0.5 的，即土地的总面积是建筑物的建筑面积两倍以上的，按房产建筑面积的 2 倍计算土地面积，再根据此面积计算土地的地价计入房产原值。

计算公式如下：

应纳房产税额（年税额）＝应税房产原值×（1－扣除比例）×1.2%

对于独立的地下建筑物，根据其用途不同，对房产原值进行不同程度的调整。如果独立的地下建筑物作为工业用房的，房产原值为房屋原价的 50%～60%；如果独立的地下建筑物为商业用房或者其他用途的，房产原值为房屋原价的 70%～80%。在计算时，先对房产原值进行比例上的折算，再进行 10%～30% 的损耗价值扣除。

从租计征计算房产税的步骤只有一个，以租金乘以相应的税率即可，计算公式如下：

应纳房产税额＝租金收入 ×12% 或 4%

W公司拥有一处独立地下建筑物，用作商业用途使用。该独立的地下建筑物是W公司在2018年购入的，购入时支付价格150万元。有关部门规定房产原值减除比例20%，商业用途地下建筑物的房产原值为房屋原价的70%，计算W公司针对此项房产2019年度应缴纳的房产税。

首先，计算房产原值。

房产原值＝房屋原价 ×70% ＝ 150×70% ＝ 105（万元）

再计算应纳房产税额。

应纳房产税额＝ 105×（1 － 20%）×1.2% ＝ 1.008（万元）

需要注意的是，有的企业在对外出租房产时，为了给承租方优惠，在租赁合同中约定免租期，在免租期内是不收取房租的。免租期内的房产并没有经营自用，也没有收取租金，不代表不交房产税，在免租期内应当按照从价计征方式计算缴纳房产税。

C公司拥有一间写字楼对外出租，2019年收取租金12万元，计算C公司2019年对于该项房产应缴纳的房产税。

应纳房产税额＝ 12×12% ＝ 1.44（万元）

4.5.2　城镇土地使用税的税务处理

关键词：城镇土地使用税

城镇土地使用税：城镇土地使用税是单位和个人使用我国在城市、县城、建制镇、工矿区范围内的土地，以使用面积为计税依据所征收的一种税。

在我们国家，土地的所有权归国家和集体所有，单位和个人缴纳一定的土地出让金之后，可以拥有土地的使用权。

城镇土地使用税的纳税人为拥有土地使用权的单位和个人，如果拥有土地使用权的单位和个人不在土地所在地的，土地的实际使用人和代管人则为纳税人。当土地的使用权存在权属纠纷，纠纷尚未解决，不能明确土地使用权归谁所有的，实际使用人为纳税人。土地使用权不是归一方所有，而是由多方共同持有的，共有各方均为纳税人，均应该就该土地使用权缴纳城镇土地使用税。

城镇土地使用税以占用面积为计税依据，采用定额税率计征，具体税率如下表所示：

级别	每平方米年税额（元）
大城市	1.5～30
中等城市	1.2～24
小城市	0.9～18
县城、建制镇、工矿区	0.6～12

城镇土地使用税的税率和其他税种不同，税率表中的税率是一个范围，具体的使用税率为当地有关部门自行决定。在一些经济落后的地区，可以适当降低税率。通过税率范围表可以看出，最高定额税率与最低定额税率相差近50倍之多，可见

城镇土地使用税的税率差距是所有税种里差距最大的。即使在同一地区，最高定额税率与最低定额税率最多相差近 20 倍。经济落后地区定额税率的降低比率，不可以超过税率表中规定的最低税额的 30%，经济发达地区的适用定额税率，在经过有关部门批准后可以适当提高。

城镇土地使用税以面积作为计税依据，如果使用的土地已经由指定单位组织测定的，以测定的面积作为计税依据，如果并没有指定单位组织测量，但纳税人持有政府部门核发的土地使用证书的，则证书确认的土地面积为计税依据。如果没有政府核发的土地使用证书，纳税人应当自行申报土地面积，待核发土地使用证以后再作调整。

城镇土地使用税的计算公式如下：

年应纳城镇土地使用税＝实际占用土地面积（平方米）× 适用税额

B 公司 2018 年取得一宗土地使用权，面积为 2 万平方米，已取得政府部门核发的土地使用证书。当地有关部门规定的土地使用权税率为每平方米 5 元。计算 B 公司 2019 年应缴纳的城镇土地使用税。

应纳城镇土地使用税＝2×5＝10（万元）

需要注意的是，对于单独建造的地下建筑用地，也应当缴纳城镇土地使用税。已经取得地下土地使用权证的，根据土地使用权证确认的土地面积计算。对于没有取得地下土地使用权证的，根据地下建筑垂直投影面积计算。我国税法规定，地下建筑用地暂按 50% 征收城镇土地使用税。

4.5.3 印花税的税务处理

◇◇

关键词：印花税

印花税： 印花税是对经济活动和经济交往中订立、领受具有法律效力的凭证的行为所征收的一种税。因采用在应税凭证上粘贴印花税票作为完税的标志而得名。

经济活动和经济交往中订立凭证的行为，是指企业在进行经营活动时，与企业上游下游签订合同的行为。领受具有法律效力的凭证的行为，是指企业取得营业执照、设立营业账簿等行为。

对于领受营业执照、设立营业账簿这类行为，由领受人、立账簿人缴纳印花税。对于签订合同的行为，由合同双方分别缴纳印花税。根据印花税的应税行为不同，设置不同的税率，具体税目税率如下表所示：

税率档次		应用税目
比例税率	万分之零点五	借款合同
	万分之三	购销合同、建筑安装工程承包合同、技术合同
	万分之五	加工承揽合同、建设工程勘察设计合同、货物运输合同、产权转移书据、营业账簿中记载资金的账簿
	千分之一	财产租赁合同、仓储保管合同、财产保险合同
5元定额税率		权利、许可证照和营业账簿中的其他账簿

适用比例税率的计算公式：

应纳印花税额＝计税金额 × 比例税率

适用定额税率的计算公式：

应纳印花税额＝凭证件数 × 固定税额

购销合同中的购销金额为印花税的计税依据。如果合同注明的金额为不含增值税的价款或报酬，以不含增值税的金额为计税依据；如果合同中未单独注明不含税价款或报酬与增值税税款，而直接注明含税价，便以含税价作为印花税的计税依据。

加工承揽合同如果不涉及原材料，只进行加工，合同金额就是印花税的计税依据。如果由受托方加工同时又提供原材料的，合同中注明原料金额和加工费金额的，原材料金额部分按照购销合同的税率计算印花税，加工费按照加工承揽合同的税率计算印花税。如果没有分开注明，那么便按照加工承揽合同的税率计算印花税。

实战案例

M 公司与 A 房地产公司签订了安装工程合同，合同金额 200 万元。由于 M 公司经营规模有限，无法单独完成这项工程。于是，M 公司与 D 公司合作，将一半的工程项目分包给 D 公司，签订分包合同，合同金额 80 万元。M 公司和 D 公司分别应缴纳多少印花税？

M 公司与 A 房地产公司签订了安装工程合同，按照万分之三的税率计算缴纳印花税。

应纳税额 = 200 × 0.0003 = 0.06（万元）

M 公司与 D 公司签订分包合同，同样按照万分之三的税率计算缴纳印花税。

应纳税额 = 80 × 0.0003 = 0.024（万元）

合同双方都要缴纳印花税，M 公司应交印花税额是 0.084 万元，D 公司应交印花税额是 0.024 万元。

施工单位承包建安工程签订的建筑安装工程承包合同，以合同金额作为印花税的计税依据。施工单位承包后，又将已承包的项目分包或转让给其他施工单位，分包或转让所签订的承包合同，以合同金额作为印花税的计税依据。承包后分包或转让的经济业务，两次签订了建筑安装工程承包合同，需要缴纳两次印花税。

财产租赁合同中以租金金额作为计税依据。货物运输合同中以运输费金额为计税依据，装卸费和保险费不计入计税依据。仓储保管合同中以仓储保管费用为计税依据。财产保险合同中以保险费为计税依据。借款合同中以借款金额为计税依据。技术合同以合同记载的报酬金额为计税依据。建设工程勘察设计合同以收取的费用为计税依据。

4.5.4　附加税（费）的税务处理

关键词：城市维护建设税

城市维护建设税：城建税是政府为了加强城市的维护建设，扩大和稳定城市维护建设资金的来源而开设的一个税种。它以纳税人实际缴纳的增值税、消费税税额为计税依据。

我国的附加税（费）包括城市维护建设税、教育费附加、地方教育费附加。三个附加税（费）都是以企业实际缴纳的增值税、消费税为计税依据计征。不仅包括企业自行缴纳的增值税、消费税税额，还包括代扣代缴、代收代缴的增值税、消费税税额。

1. 城市维护建设税

城市维护建设税适用地域差别比例税率，纳税人所在地为市区的税率一般为7%，纳税人所在地为县城、镇的，税率一般为5%，纳税人所在地不在市区、县城或镇的税率一般为1%，如开采海洋石油资源的中外合作油（气）田，其所在地是在海上，其城市维护建设税适用税率也是1%。对于流动经营等无固定纳税地点的纳税人，适用于实际缴纳增值税、消费税所在地的税率。

计算公式如下：

应纳税额＝（纳税人实际缴纳的增值税＋消费税）× 适用税率

2. 教育费附加

教育费附加是专门用于发展地方教育事业的预算外资金，是对缴纳增值税、消费税的单位和个人，就其实际缴纳的税额为计算依据征收的一种附加费。

教育费附加的征收比率为3%，计算公式如下：

应纳教育费附加＝（实际缴纳的增值税＋消费税）×3%

3. 地方教育费附加

地方教育费附加是为了相应国家"科教兴省"战略，增加地方教育的资金投入，促进我国教育事业发展所征收的教育基金。是对缴纳增值税、消费税的单位和个人，就其实际缴纳的税额为计算依据征收的一种附加费。

地方教育费附加的征收比率为2%，计算公式如下：

应纳教育费附加＝（实际缴纳的增值税＋消费税）×2%

实战案例

西西谷公司2020年3月实际缴纳增值税15000元、消费税9000元，那么西西谷公司当月应缴纳的城市维护建设税、教育费附加和地方教育费附加的金额是：

西西谷公司位于市区，城市维护建设税的税率适用于7%。

城市维护建设税＝（15000＋9000）×7%＝1680（元）

教育费附加＝（15000＋9000）×3%＝720（元）

地方教育费附加＝（15000＋9000）×2%＝480（元）

当企业适用于增值税和消费税的优惠政策，进行减免增值税、消费税时，城市维护建设税、教育费附加、地方教育费附加也一同减免，但是涉及出口退税时，城市维护建设税、教育费附加、地方教育费附加不随同增值税、消费税退税。

4.5.5 其他税种的税收优惠新政策

关键词：税收优惠

税收优惠：税收优惠是国家运用税收政策在税收法律、行政法规中规定对某一部分特定企业和课税对象给予减轻或免除税收负担的一种措施。税收优惠分为中央政府层面的税收优惠和地方政府的政策性优惠。

1. 房产税

关于房产税的税收优惠政策，节选如下：

（1）由国家财政部门拨付事业经费的单位，如学校、医疗卫生单位、托儿所、幼儿园、敬老院、文化、体育、艺术等事业单位所有的自用的房产，免征房产税。

（2）宗教寺庙、公园、名胜古迹自用的房产，免征房产税。

（3）个人所有非营业用的房产免征房产税。

（4）对非营利性医疗机构、疾病控制机构和妇幼保健机构等卫生机构自用的房产，免征房产税。

（5）对按政府规定价格出租的公有住房和廉租住房，暂免征收房产税。

（6）经营公租房的租金收入，免征房产税。

（7）对国家级、省级科技企业孵化器、大学科技园和国家备案众创空间自用以及无偿或通过出租等方式提供给在孵对象使用的房产，免征房产税。

（8）对高校学生公寓，免征房产税。

（9）对农产品批发市场、农贸市场专门用于经营农产品的房产、土地，暂免征收房产税。对同时经营其他产品的农产品批发市场和农贸市场使用的房产、土地，按其他产品与农产品交易场地面积的比例确定征免房产税。

（10）对向居民供热收取采暖费的供热企业，为居民供热所使用的厂房及土地免征房产税；对供热企业其他厂房及土地，应当按照规定征收房产税。

2. 城镇土地使用税

城镇土地使用税的法定免税项目和省、自治区、直辖市地方税务局确定的减免税项目，节选如下：

（1）由国家财政部门拨付事业经费的单位自用的土地，免征城镇土地使用税。

（2）宗教寺庙、公园、名胜古迹自用的土地，免征城镇土地使用税。

（3）市政街道、广场、绿化地带等公共用地，免征城镇土地使用税。

（4）直接用于农、林、牧、渔业的生产用地，免征城镇土地使用税。

（5）经批准开山填海整治的土地和改造的废弃土地，从使用的月份起免缴土地使用税 5 ～ 10 年。

（6）对非营利性医疗机构、疾病控制机构和妇幼保健机构等卫生机构自用的土地，免征城镇土地使用税。

（7）企业办的学校、医院、托儿所、幼儿园，其用地能与企业其他用地明确区分的，免征城镇土地使用税。

（8）对行使国家行政管理职能的中国人民银行总行所属分支机构自用的土地，免征城镇土地使用税。

（9）免税单位无偿使用纳税单位的土地免征城镇土地使用税。纳税单位无偿使用免税单位的土地，纳税单位应照章缴纳城镇土地使用税。纳税单位与免税单位共同使用、共有使用权土地上的多层建筑，对纳税单位可按其占用的建筑面积占建筑总面积的比例计征城镇土地使用税。

（10）对专营农产品的农产品批发市场、农贸市场的房产、土地，暂免征收城镇土地使用税。

（11）对物流企业自有的大宗商品仓储设施用地和物流企业承租用于大宗商品仓储设施的土地，减按所属土地等级适用税额标准的 50% 计征城镇土地使用税。

（12）国家级、省级科技企业孵化器、大学科技园和国家备案众创空间自用以及无偿或通过出租等方式提供给在孵对象使用的土地，免征城镇土地使用税。

（13）城市公交站场、道路客运站场、城市轨道交通系统运营用地，免征城镇土地使用税。

（14）向居民供热收取采暖费的供热企业，为居民供热所使用的厂房及土地免征城镇土地使用税；对供热企业其他厂房及土地，应当按照规定征收城镇土地使用税。

（15）个人所有的居住房屋及院落用地，免征城镇土地使用税。

（16）房产管理部门在房租调整改革前已经租的居民住房用地。

（17）免税单位职工家属的宿舍用地。

（18）集体和个人办的各类学校、医院、托儿所、幼儿园用地。

3. 印花税

企业已经缴纳过印花税凭证的副本或者抄本，免征印花税；无息、贴息贷款合同，免征印花税；农牧业保险合同，免征印花税；房地产管理部门与个人签订的用于生活居住的租赁合同、与高校学生签订的高校学生公寓租赁合同，免征印花税；公租房租赁双方签订租赁协议，免征印花税。

自 2018 年 5 月 1 日起，对按万分之五税率贴花的资金账簿减半征收印花税，对按件贴花五元的其他账簿免征印花税。

4. 附加税（费）

由于本身为附加税的特殊性质，随着增值税和消费税的减免而减免，增值税和消费税在减免税时发生退库的，相应的城市维护建设税和附加费也同时进行退库。

在前面介绍的增值税优惠政策中，不仅包括直接减免增值税的优惠政策，还包括先征后返、先征后退、即征即退等优惠办法。除税法另有规定外，对先征后返、先征后退、即征即退在征收时所征收的城市维护建设税和附加费，一律不予退还和返还。

城市维护建设税有一项税收优惠与增值税和消费税无关，即对国家重大水利工程建设基金免征城市维护建设税。

第 5 章

小企业财务报表解读

5.1 收入

5.1.1 主营业务收入

关键词：主营业务收入

主营业务收入：指企业从事本行业某种主要生产经营活动所取得的营业收入，包括销售商品、提供服务等。

东东枪文化公司本年度财务报表当中的利润多达 200 万元，利润较上年上涨了 100%，但是其本年的主营业务收入却仅仅占本年利润的 20%。原来本年度该公司决策买入的一笔金融资产获得了不少投资收益，因此使本年利润迅速增长。东东枪文化公司不应当满足本年度财务报表的表象，而应当认识到本企业利润来源，大力发展本企业的主营业务。

主营业务收入是利润表中的首个项目，是计算企业利润的基础。主营业务收入属于来自企业账簿中的主营业务收入账户的，通过主营业务收入科目进行计量。主营业务收入科目主要核算企业的主营业务，包括销售商品、提供服务等。如果企业是以销售商品为主营业务，提供劳务为辅，那么销售商品收入计入主营业务收入中，提供劳务收入计入其他业务收入中。如果企业的主营业务正相反，就做相反的处理，并不是说销售商品收入一定计入主营业务收入中。

主营业务收入中记载的收入金额是不含增值税的，包括企业开具发票收入和无票收入。计入主营业务收入科目的收入金额，必须是符合收入的确认条件的。销售商品收入应当在同时符合下列条件时才可以确认：

借方	主营业务收入	贷方
本期减少额 ××× ...		本期增加额 ××× ...
本期借方发生额合计 ×××		本期贷方发生额合计 ×××

（1）企业已将商品所有权上的主要风险和报酬转移给购货方。

这一点是说无论已经出售的商品损毁灭失或是获得高额利润，都与卖出方没有关系了，无论结果好坏都由购买方承担。卖出方已经不拥有商品的所有权，即使拥有名义上的所有权，也不具备实际的所有权。

（2）企业既没有保留通常与所有权相联系的继续管理权，也没有对已售出的商品实施控制。

继续管理权是卖出方继续对已售商品后续管理承担的责任，如果继续管理权与所有权无关，就符合本条件，可以确认收入。例如房地产开发企业将房子卖出后，继续提供物业管理服务，但是物业管理服务已经和房子的所有权无关了，因此可以确认收入。

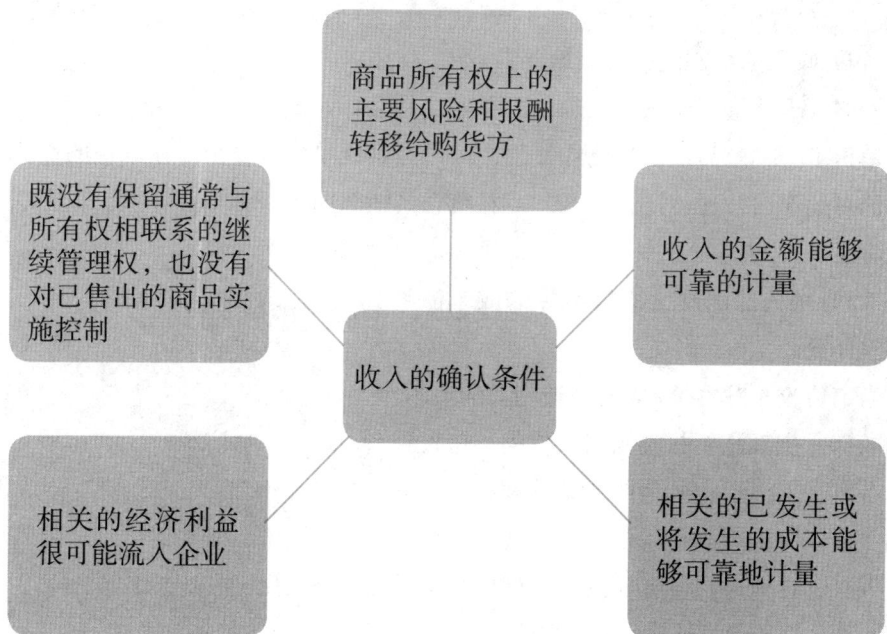

（3）相关的经济利益很可能流入企业。

在会计准则中，很可能是有具体的标准的，是一个指标。一般来说，小于或等于5%为极小可能，大于5%、小于或等于50%为可能，大于50%、小于或等于95%为很可能，大于95%、小于100%为基本确定。

在企业经济业务中，如果在销售时就已经知道购买方信用很差，不一定能够收回货款，便不应该确认收入，应当将已经收到的部分货款确认为预收账款，直到确定相关经济利益很可能流入企业时，才能确认收入。

实战案例

> 东东枪文化公司是西西谷公司长期合作的老客户，常年从西西谷公司处购进商品作为原材料使用。2020年4月，东东枪文化公司继续从西西谷公司购买商品，西西谷公司已经开具增值税专用发票，注明价款20万元，增值税2.6万元。西西谷公司知道东东枪文化公司目前经营困难，资金周转不开，很可能收不到这部分货款。同时，西西谷公司也考虑了自身的情况，疫情期间积压了不少库存需要清货，而且如果东东枪文化公司渡过了困难时期，仍能和东东枪文化公司保持一个良好的长期供需关系，所以仍将商品发出。

（4）收入的金额能够可靠地计量。

能够可靠计量不光是收入确认的条件，是会计计量中每一个指标的计量条件。企业销售了一批商品，货物已经发出，却没有确认单价是多少，在以往的业务中，也不能对此作出合理估计。那么，就算符合其他的四个条件，会计人员也无法就此项业务确认收入。

（5）相关的已发生或将发生的成本能够可靠地计量。

当销售收入发生时，需要结转相关的成本，成本的计量金额是要与收入相匹配的。假设经济业务发生的当期，其他四个条件都符合，只有相关成本不能可靠计量，企业会计人员确认了收入。在结转时，没有相关可匹配成本的数据，如果不进行成本结转，就会高估企业利润，也不符合税法规定，因此，在成本不能可靠计

实战案例

> 虽然西西谷公司发出了商品，开具了增值税专用发票，但是这项经济业务的收入不满足收入确认的五个条件，所以不能确认收入。只能在发出货物时，将相应的金额计入发出商品科目中。

量时，不能确认相关收入。

主营业务收入科目属于损益类科目，贷方登记收入的增加，借方登记收入的减少，期末将差额结转损益，转入本年利润科目中，期末没有余额。利润表中主营业务收入项目的金额为本期贷方发生额减去本期借方发生额，出现借方发生额的情况，一般是企业发生销售退回。

财务总监说

在激烈的市场竞争中，收入是企业长期稳定生存的保障。收入规模越大，企业的生产经营收益就越高，其中，主营业务收入更是企业效益核算的重要指标。主营业务收入的规模越大，企业资金的周转速度越快，企业的经济效益就越高，企业在市场上就更有竞争力。

5.1.2　其他业务收入

关键词：其他业务收入

其他业务收入：指企业主营业务收入以外的其他业务产生的收入，包括材料销售收入、无形资产转让收入等项目。

　　东东枪文化公司本年的利润表显示，本年度其他业务收入的金额有了极大提升。虽然该部分金额为出租办公场所而来，但是其确实为企业缓解了一部分资金压力。经过开会讨论，公司决定在明年将不用的办公场所全部出租……

　　其他业务收入是利润表中的项目，也是构成企业收入的一部分，主要核算企业除主营业务之外的收入。具体核算内容是根据企业自身经营业务的主次划分，而不是根据增值税的应税行为来划分，是日常经营中发生频率较低的业务收入。常见的核算内容包括出租固定资产、出租无形资产、出租包装物和商品、销售材料、用材料进行非货币性交换等。

　　其他业务收入中记载的收入金额也是不含增值税的，属于损益类科目，贷方登记其他业务收入的增加，借方登记减少，期末将差额结转至本年利润，没有余额。

借方	其他业务收入	贷方
本期减少额 ×××		本期增加额 ×××
...		...
本期借方发生额合计 ×××		本期贷方发生额合计 ×××

企业的其他业务收入占总收入的比重小，但是，其核算的金额仍影响税款的缴纳。一些小企业的财务人员往往容易把重心放在主营业务收入的核算上，忽视了其他业务收入。如果其他业务收入核算不准确，仍会给企业带来不小的税务风险。

实战案例

西西谷公司为增值税一般纳税人。2020年1月，西西谷将拥有的不常使用的仓库出租，取得不含税收入20万元，增值税额1.8万元，款项以银行存款收讫。

西西谷财务人员编制会计分录如下：

借：银行存款　　　　　　　　　　　　　　　　218000
　　贷：其他业务收入　　　　　　　　　　　　　200000
　　　　应交税费——应交增值税（销项税额）　　18000

那么，其他业务收入会有哪些核算上的风险呢？

企业应当按照收入确认的原则，在收入发生的会计期间进行确认，不能提前确认也不能延后确认。有些企业为了完成业绩指标提前确认收入，或是为了少缴税款延后确认收入，都不符合税法规定，带来税务风险。

由于其他业务收入不经常发生或者未开具发票，有些企业进行财务处理时，少计或不计其他业务收入，已达到减少利润少缴税款的目的。

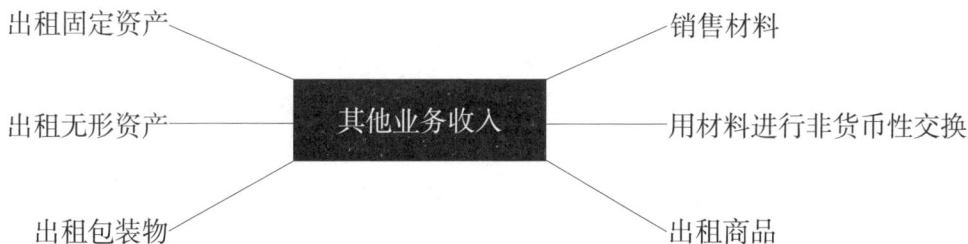

出租固定资产　　　　　　　　　　　　　销售材料

出租无形资产　　　　【其他业务收入】　　用材料进行非货币性交换

出租包装物　　　　　　　　　　　　　　出租商品

其他业务收入和营业外收入不同，营业外收入与日常经营无关，而其他业务收入核算的是与经营业务有关只是不常发生的业务。有些企业将其他业务收入错计入营业外收入，而与其他业务收入相匹配的成本仍然计入其他业务成本。这就会造成企业记录的收入不真实，造成税务风险。

其他业务收入的核算错误，不仅会为企业带来税务风险，也会为财务报表使用者带来不便。企业的主营业务是企业发展之本，主营业务收入是企业经营能力的体现，如果将其他业务收入进行不恰当的记录，记录到主营业务收入中，就会使财务报表使用者误解，从而高估企业的经营能力。

财务总监说

　　其他业务收入是企业日常活动收入的一种，它虽然没有主营业务收入在企业利润表中的数额大，但是也是企业收入的一项主要来源。企业可以通过适当发展其他业务收入，在一定程度上为企业获得收益，加快企业的资金周转。

5.1.3 营业外收入

营业外收入从名称就可以看出，它核算的是收入，有经济利益流入企业并且这种收入是"营业外"，也就是说它核算正常经营之外的经济活动，不是企业日常经营中经常发生的，是偶然发生的业务活动。

营业外收入的主要核算内容包括企业债务重组利得、盘盈利得、政府补助收入、罚款收入等。

借方	营业外收入	贷方
本期减少额 ×××		本期增加额 ×××
…		…
本期借方发生额合计 ×××		本期贷方发生额合计 ×××

1. 盘盈利得

拥有存货和固定资产的企业，应当定期进行存货和固定资产的盘点。盘点是用来检查账面上记载的存货种类和数量是否与实际相符，如果存货实物的数量比账面记载的数量多，就是存货盘盈。存货盘盈时，可能是账务处理错误，也可能是收发错误，相关差异金额经管理层批准后，计入相应科目（营业外收入或其他应付款等）。

固定资产和存货不同，固定资产属于企业相对来说比较大型的资产，一般情况不会盘盈，如果固定资产盘盈视为前期差错，通过以前年度损益调整科目核算。

東东枪文化公司在某次存货盘点时发现一批未记录在册的办公用品，该办公用品的价值为1万元。经过账目盘点，最终未查明存货盘盈的原因，经过主管批准，财务人员将这1万元的办公用品记入了"办公用品冲减企业管理费用"科目。

2. 债务重组利得

债务重组是指债务人因为各种原因，实在支付不起欠债权人的款项了，便和债权人协商，将所欠的款项打个折扣，少还一部分。对于债务人来说，债权人给债务人优惠，使债务人少还的这部分钱，作为债务重组利得，计入营业外收入。对于债权人来说，相应的确认债务重组损失。

```
盘盈利得                              政府补助收入


              营业外收入


债务重组利得                              罚款收入
```

实战案例

东东枪文化公司从西西谷公司购进了一批货物，由于该货物是业内紧俏货源，西西谷公司要求东东枪文化公司先付定金。东东枪文化公司与西西谷公司签订合同，合同标的100万元，东东枪文化公司支付定金15万元，西西谷公司承诺在2020年3月31日之前交货。

到了2020年4月，西西谷公司仍然没有交货，东东枪文化公司与西西谷公司联系，西西谷公司表示无法交货，对签订的合同无法履约。东东枪公司遂起诉至法院，西西谷公司最终以银行存款向东东枪公司支付了双倍定金的赔偿30万元。

东东枪的财务人员编制会计分录如下：

借：银行存款   300000

    贷：其他应收款   150000

        营业外收入   150000

3. 政府补助收入

政府补助是政府无偿提供给企业的帮助，这种帮助可能是以货币形式提供给企业，就是货币型资产，还有可能是以非货币形式提供，就是非货币资产。政府补助的取得与企业日常经营业务无关的部分，所以是营业外收入。

4. 罚款收入

罚款收入是指企业收到的其他单位支付的罚款，当其他单位违反国家有关行政管理法规，应当按照规定支付罚款。这部分罚款与企业日常经营无关，属于营业外收入。

营业外收入是利润表项目，反映企业在所属会计期间发生的营业外收入金额。营业外收入科目属于损益类科目，增加记入贷方，减少记入借方，期末结转至本年利润，营业外收入科目期末没有余额。

财务总监说

营业外收入不属于企业的生产经营所得，它的发生常常具有偶然性，因此企业不应当将其视作企业营业利润的来源。另外，在进行业务洽谈或者商业投资时，我们应当适当关注一个企业的利润表中营业外收入的占比。若一个企业营业外收入常年过高，那么很大程度上，该公司大概率进行了一些报表美化，在分析企业的价值时，我们一定要警惕起来。

5.2 成本费用

5.2.1 主营业务成本

◇◇◇

> **关键词：主营业务成本**
>
> **主营业务成本**：指企业销售商品、提供劳务等经营性活动所发生的与主营业务收入相匹配的成本。

主营业务成本是指企业销售商品、提供劳务等经营性活动所发生的与主营业务收入相匹配的成本。主营业务成本为利润表项目，反映在一定的会计期间内与主营业务收入相匹配的成本。主营业务成本属于损益类科目，增加记入主营业务成本科目的借方，减少记入主营业务成本科目的贷方。期末结转至本年利润科目，期末无余额。

借方	主营业务成本	贷方
本期增加额 ××× …		本期减少额 ××× …
本期借方发生额合计 ×××		本期贷方发生额合计 ×××

企业销售商品，主营业务成本就是商品的进货价，不包括其他间接费用。企业提供劳务，主营业务成本就是直接劳务成本，不包括其他间接费用。

> 东东枪文化公司某月发生了如下成本：管理人员工资20000元；设计人员工资15000元；办公室水电共计500元，其中设计人员分摊的水电费用为300元；固定资产折旧费用2000元，其中由设计人员分摊的折旧费用为1000元。假如该公司是以产品设计为主营业务，那么该企业的主营业务成本应当包括设计人员工资、设计人员应分摊水电、设计人员应分摊固定资产折旧，金额共计16300元。

对于销售商品业务，企业在取得收入时确认收入，在月末结转成本。企业采用不同的成本核算方式，结转成本方法也不同。具体包括先进先出法、月末一次加权平均法、移动加权平均法、个别计价法等。

1. **先进先出法**

先进先出法是指企业在销售时，假设先购入的存货优先发出，按照这种方式核算发出存货的成本。这只是一种发出存货的核算方法，并不一定和实物流转方式相符，也就是说，无论存货是以什么顺序发出的，都按照先进先出法结转成本。

期末购进的存货成本接近市价，前期购入的存货成本可能偏高也可能偏低。如果存货的价格呈不断上升趋势，按照先进先出法结转成本，则会造成成本被低估，企业利润被高估的现象。如果存货的价格呈不断下降趋势，按照先进先出法结转成本，则成本被高估，利润被低估。

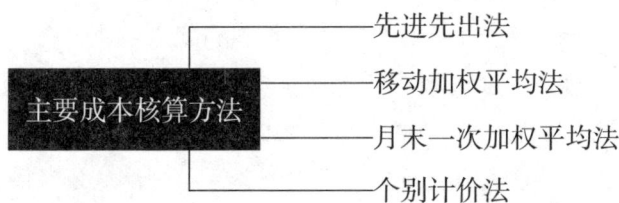

主要成本核算方法
- 先进先出法
- 移动加权平均法
- 月末一次加权平均法
- 个别计价法

2. **移动加权平均法**

移动加权平均法，是企业每购进一次存货，都要计算一次存货的单位成本，每发出一次存货按照上一次购进存货时计算的单位成本，计算发出存货的成本。

存货单位成本＝

（原有库存存货的实际成本＋本次进货的实际成本）÷（原有库存存货数量＋本次进货数量）

本次发出存货的成本＝本次发出存货的数量 × 本次发货前存货的单位成本

移动加权平均法计算的成本，相比先进先出法要更精确。对于存货进货、发货比较频繁的企业，每一次进货都要重新核算一次，工作量比较大，企业应当根据自身业务情况进行选择。

3. 月末一次加权平均法

月末一次加权平均法，是在每月月底，对本月总的进货成本进行一次加权平均计算，得到单位成本，再以计算出的单位成本，一次计算本月的发出成本。

存货单位成本＝［月初库存存货的实际成本＋∑（本月某批进货的实际单位成本 × 本月某批进货的数量）］÷（月初库存存货数量＋本月各批进货数量之和）

本月发出存货的成本＝本月发出存货的数量 × 存货单位成本

月末一次加权平均法比移动加权平均法计算简单，工作量小，但是结果没有移动加权平均法计算的精确。如果企业进货次数频繁，无法完成移动加权平均法的工作量，可以采用月末一次加权平均法。

实战案例

西西谷公司采用先进先出法结转发出商品的成本，2020 年 1 月期初存货为 2 万件，单价 100 元，2020 年 1 月发生与存货有关的经营业务如下：

1 月 2 日，购进存货 1 万件，单价 110 元；

1 月 10 日，发出存货 1.5 万件；

1 月 15 日，购进存货 2 万件，单价 90 元；

1 月 24 日，发出 2 万件。

1 月 10 日发出的存货 1.5 万件，按照期初存货 2 万件的成本进行计量，发出成本＝1.5×100＝150（万元）。目前剩余单价 100 元的存货 5000 件，单价 110 元的存货 1 万件，单价 90 元的存货 2 万件。

1 月 15 日发出的存货 2 万件，按照时间先后顺序，这 2 万件的成本为单价 100 元的存货 5000 件，单价 110 元的存货 1 万件，单价 90 元的存货 5000 件。

发出成本＝100×0.5 ＋ 110×1 ＋ 90×0.5 ＝ 205（万元）

西西谷公司本月发生的成本＝150 ＋ 205 ＝ 355（万元）

西西谷公司财务人员编制如下会计分录：

借：主营业务成本　　　　　　　　　　　　　　3550000

　　贷：库存商品　　　　　　　　　　　　　　　3550000

4. 个别计价法

个别计价法是成本核算方法中最精确的一种方法，但并不是所有企业都适用。卖出一件商品，就采用该商品的进货成本进行结转，成本结转和实物流转一致，不存在成本或利润被高估、低估的情况。

对于批量购进或生产商品的企业，产品的数量大、金额小，在个别计价法下，需要精确区分发出商品是属于哪个批次并结转成本，这无疑会给企业带来巨大的工作量。个别计价法适合销售专门用途产品的企业。

主营业务成本是利润表项目，对主营业务成本科目进行核算时，增加记入借方，减少记入贷方，与主营业务收入科目相反。

对于企业销售业务而言，相关商品应当作为企业的存货核算，等到商品卖出时再结转相应的成本。进行成本结转的账务处理时，应当借记"主营业务成本"，贷记"库存商品"。对于企业提供劳务业务而言，发生的各项直接成本，通过劳务成本科目核算，待确认收入时，结转相匹配的成本。

企业无论是销售商品或者提供劳务，在进货或支付劳务工资时企业便会产生支出，不少小企业老板都会认为有支出就会构成成本。然而，会计在核算时，只有确认收入才会结转成本，成本可以确认的前提是与收入相匹配。

财务总监说

对于企业而言，主营业务成本的下降意味着企业经济效益的提高，若企业能够通过多重管理措施降低企业主营业务成本，如提高工人效率、提高机械效率等，企业的商品在市场上便会有更强的竞争力。

5.2.2 其他业务成本

其他业务成本，是企业确认的除主营业务活动以外的，其他经营活动所发生的支出，是与其他业务收入相匹配的成本。具体包括企业销售原材料的成本、企业用来出租的固定资产计提的折旧额、企业出租的无形资产计提的摊销额、出租包装物的成本或摊销额、非货币性资产交换成本、债务重组成本等。其他业务成本在计量时，最重要的一点就是与其他业务收入相匹配。

实战案例

西西谷公司有一套价值100万元的闲置办公大楼，该大楼的预计净残值为10万元，每年计提的折旧金额为5万元。后来该公司将办公大楼出租给其他企业，取得了相应的租金收入，此时企业办公大楼的折旧费用应当计入企业的其他业务成本科目。

企业将闲置的固定资产用于出租，固定资产没用于出租之前，每月计提的固定资产折旧计入相应费用当中。用于出租之后，取得的租金收入计入其他业务收入，出租的固定资产每月计提折旧额应当计入其他业务成本，而不能继续计入管理费用。

企业以销售产成品为主营业务，偶尔发生销售原材料的业务，取得收入应当计入其他业务收入。结转成本时，需要将原材料成本结转至其他业务成本，而不是和产成品一样结转至主营业务成本。

其他业务成本为利润表项目，反映在一定会计期间与其他业务收入相匹配的成本。其他业务成本属于损益类科目，增加记入其他业务成本科目的借方，减少记入其他业务成本科目的贷方。期末结转至本年利润科目，期末无余额。

```
                    ┌──── 销售原材料的成本
                    ├──── 出租的固定资产计提的折旧额
     ┌─────────────┐├──── 出租的无形资产计提的摊销额
     │  其他业务成本 │├──── 出租包装物的成本或摊销额
     └─────────────┘├──── 非货币性资产交换成本
                    └──── 债务重组成本
```

这里与其他业务成本相对应的项目是累计折旧，固定资产的用途不同，累计折旧计入的项目也不同。用于生产的固定资产的累计折旧计入生产成本或制造费用，行政管理用的固定资产的累计折旧计入管理费用。固定资产取得的收入计入其他业务收入的，相应的累计折旧便计入其他业务成本。

案例中的 C 公司是生产和销售服装成衣的企业，原材料是该公司购进用来生产产品的。如果某公司是以生产布料为主营业务，那么销售布料这类原材料取得的收入，应当计入主营业务收入，相应结转的成本计入主营业务成本。需要注意的是，并不是所有销售原材料的业务，都是其他业务收入，要根据企业的主营业务而定。

实战案例

2020 年 1 月，东东枪文化公司将闲置不用的厂房进行出租，取得不含增值税收入 20 万元，款项以银行存款收讫。该厂房 2020 年 1 月应计提的折旧为 15 万元。

东东枪文化公司财务人员进行厂房出租的账务处理时，应当将 20 万元收入作为其他业务收入核算，而不是主营业务收入。与之相对应的厂房计提的折旧，应当作为其他业务成本核算，而不是主营业务成本。

东东枪文化公司财务人员编制会计分录如下：

借：银行存款   200000
　　贷：其他业务收入   200000

结转成本时：

借：其他业务成本   150000
　　贷：累计折旧   150000

主营业务收入和其他业务收入同为企业的收入，都是企业经济利益流入的体现，为什么不能计入一个项目中统一核算，而要分开计算收入，又分开结转成本呢？

借方	其他业务成本	贷方
本期增加额 ××× …		本期减少额 ××× …
本期借方发生额合计 ×××		本期贷方发生额合计 ×××

其他业务收入中核算的收入项目具有偶然性，不是企业在日常经营中经常会发生的项目，其他业务收入的高低，不能科学地评价企业的持续经营能力。

实战案例

C公司是生产并销售服装的企业，假设不考虑增值税等相关税费。2020年4月，由于疫情的影响，C公司打算将积压已久的一批布料低价处理。C公司联系到生产低档服装的E公司，将该批布料以不含税金额50万元销售给E公司，款项以银行存款收讫。该批布料作为C公司的原材料进行核算，账面成本为52万元。

C公司的财务人员编制会计分录如下：

借：银行存款   500000

  贷：其他业务收入   500000

结转成本时：

借：其他业务成本   520000

  贷：原材料   520000

企业在进行会计处理时，如果未将主营业务收入和其他业务收入分开核算，而是记入同一个科目，均体现在利润表中"收入"项目，这样，在某个会计期间，企业由于经营需要，发生的其他业务收入较多，比重已经超过主营业务收入，此时主营业务收入依然维持和往期一样的水平，结转相应成本时，也将主营业务成本和其他业务成本的数额记入同一个成本科目中，使总体利润不变，那么，财务报表的预期使用者在查看财务报表时，会在利润表上看到收入大幅度提高的现象，由于没有分开核算，财务报表的预期使用者不清楚收入的提高是由于其他业务收入产生的，会误以为企业的经营情况有大幅度的提升，从而做出错误的决策。

主营业务是企业的生存之本，在评价企业是否具有发展潜力，是否具有投资价值时，更应该关注企业的主营业务收入。

财务总监说

其他业务成本也是企业营业成本的一部分，是企业计算营业利润扣除项目。因此，企业也应当将其他业务成本纳入成本管控中来，切忌小看数额较小的成本支出。

5.2.3 税金及附加

关键词：税金及附加

税金及附加：指企业在生产经营当中缴纳的消费税、房产税、城市维护建设税、印花税、教育费附加和地方教育费附加等费用。

　　西西谷公司本月发生了如下税金支出：缴纳增值税 100000 元、印花税 50 元、房产税 40000 元、企业所得税 110000 元、车辆购置税 4000 元。那么，这些当中有什么是要记入税金及附加的呢？

　　应当计入税金及附加科目的金额有印花税 50 元、房产税 40000 元、车辆购置税 4000 元，金额总计 44050 元。

　　企业在每个纳税期间，都要对税务机关核定的税种履行纳税义务，那么企业所缴纳的税款通过什么科目来体现呢？

　　企业应当通过税金及附加来核算企业经营活动中负担的相关税费，税金及附加是企业的一项支出，因此，税金及附加是损益类科目，增加记入科目的借方，期末与其他损益类科目一并结转至本年利润，期末无余额。

借方	税金及附加	贷方
本期增加额 ××× ...		本期减少额 ××× ...
本期借方发生额合计 ×××		本期贷方发生额合计 ×××

　　需要管理者注意的是，税金及附加并不是核算所有税种的，具体包括消费税、城市维护建设税、资源税和教育费附加等。

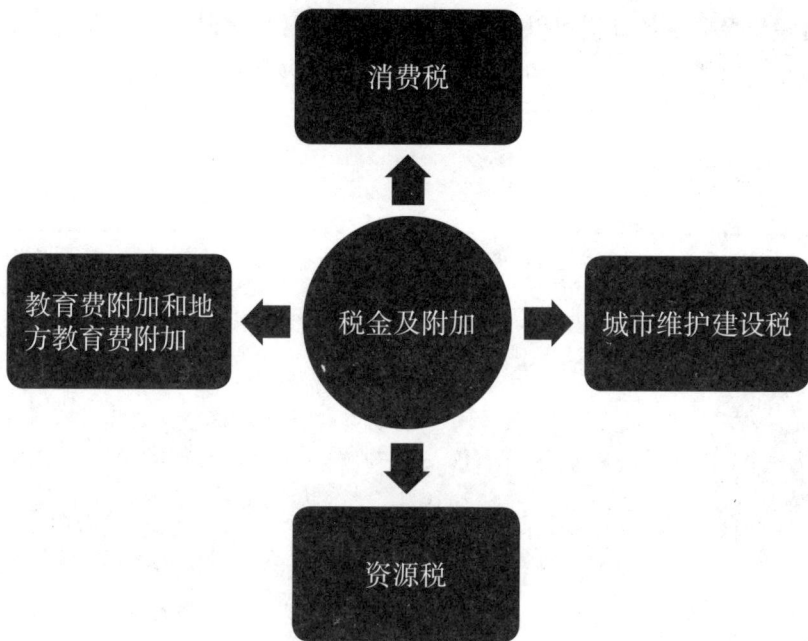

而企业常见的企业所得税和增值税则不在其中,企业所得税在计提时,要通过所得税费用体现在利润表当中,而增值税的税额并不体现在利润表当中。

实战案例

东东枪文化公司 2020 年 4 月实际缴纳增值税 50000 元,消费税 20000 元,东东枪文化公司财务人员计算相关附加税及编制会计分录如下:

应交城市维护建设税 =(50000 + 20000)× 7% = 4900(元)

应交教育费附加 =(50000 + 20000)× 3% = 2100(元)

应交地方教育费附加 =(50000 + 20000)× 2% = 1400(元)

应计提税金及附加 = 4900 + 2100 + 1400 = 8400(元)

借:税金及附加　　　　　　　　　　　8400

　　贷:应交税费——应交城市维护建设税　　4900

　　　　　　——应交教育费附加　　　　　　2100

　　　　　　——应交地方教育费附加　　　　1400

通过税金及附加的计提可以看出，企业进行会计核算时符合权责发生制原则。在税款发生的当期，没有实际缴纳税款，通过税金及附加项目结转损益，减少当期利润。

财务总监说

　　财政部在 2016 年 12 月发文将企业的"营业税金及附加"更名为"税金及附加"，并将房产税、土地使用税、车船税和印花税的纳税核算归为该科目。对于企业而言，税金及附加是企业利润的一个重要抵减科目。随着我国税收管理的严格，企业应当更加关注项目的核算，确保税款计算的正确，从而减少企业被税务机关处罚。

5.2.4 期间费用

关键词：**管理费用 销售费用 财务费用**

管理费用：企业为组织和管理生产经营发生的各种费用。

销售费用：企业发生的与销售商品有关的费用。

财务费用：企业发生的与企业筹资有关的费用和与银行账户相关的费用。

企业在生产经营过程中，可能会发生各种各样的费用。例如企业新设立时租用办公室的租金、每个月发放的员工工资、购买打印机等办公设备的支出、员工出差的差旅费、在银行汇款时支付的银行手续费等等。

由于企业涉及的费用种类多、内容复杂，如果没有一个统一的项目名称进行核算，各企业财务人员提供的数据将是五花八门的，无法进行企业之间的财务数据对比。所以，我国企业会计准则对上述费用做出了统一的要求，统称为期间费用。企业的期间费用包括管理费用、销售费用和财务费用，管理费用、销售费用、财务费用都有它们核算的标准，财务人员将企业的这些费用分别计入这三个项目中。

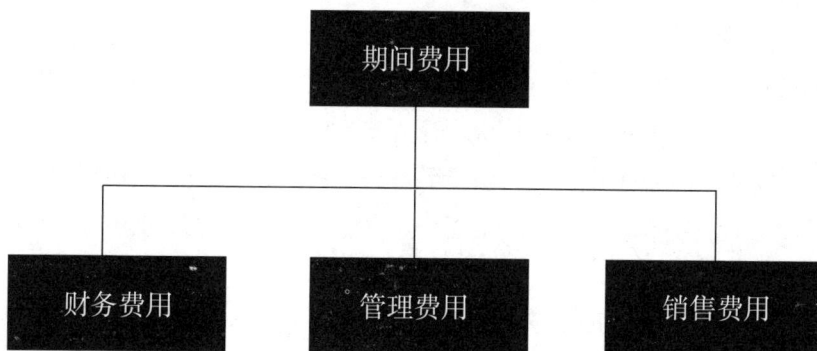

```
                    ┌──────────┐
                    │  期间费用  │
                    └────┬─────┘
        ┌────────────────┼────────────────┐
   ┌─────────┐      ┌─────────┐      ┌─────────┐
   │  财务费用 │      │  管理费用 │      │  销售费用 │
   └─────────┘      └─────────┘      └─────────┘
```

管理费用、销售费用、财务费用为利润表项目，反映在一定会计期间企业发生的费用。属于损益类科目，增加的金额登记在借方，期末结转至本年利润，期末无余额。

借方	管理费用	贷方
本期增加额××× …		本期减少额××× …
本期借方发生额合计×××		本期贷方发生额合计×××

1. 管理费用

管理费用是企业为组织和管理生产经营发生的各种费用，管理费用与企业整体有关，主要针对企业管理部门，而并非生产部门或者销售部门发生的费用。具体包括企业在筹建期间内发生的开办费、企业管理部门管理在日常经营管理过程中发生的，由企业统一负担的费用，例如行政管理部门的工资、水电费、办公费、差旅费、行政管理部门负担的工会经费、咨询费、诉讼费、业务招待费等。

在管理费用科目中，应设置明细科目，核算不同类型的管理费用的发生额。管理费用属于损益类科目，借方登记管理费用的增加，贷方登记管理费用的减少，期末结转至本年利润科目，期末无余额。

企业的生产部门发生的费用一般都与生产相关，应当计入相应的生产成本或制造费用。但是，企业生产部门发生的固定资产修理费用等后续支出是一个特殊项目，应当在发生的时候计入管理费用。

2. 销售费用

销售费用是指企业发生的与销售商品有关的费用，具体包括企业在销售商品过程中发生的运输费、装卸费和保险费，计入产品成本的包装费，进行促销活动时的展览费和广告费，商品出现问题时的商品维修费、预计产品质量保证损失，为了销售商品而单独设置的销售机构的人员工资、固定资产折旧费、销售部门水电费等经营期间的费用。

需要注意的是，在管理费用的计量中有个特殊项目，就是生产部门的固定资产修理费用，不计入生产成本而是计入管理费用。但是，与专设销售机构相关的固定资产修理费用等后续支出，不计入管理费用，而是计入销售费用。

在销售费用科目中，应设置明细科目，核算不同类型的销售费用的发生额。销售费用属于损益类科目，借方登记销售费用的增加，贷方登记销售费用的减少，期末结转至本年利润科目，期末无余额。

3. 财务费用

财务费用是与企业筹资有关的费用和与银行账户相关的费用。具体包括企业借款时需要支付的不能够资本化的利息，涉及外币结算的企业发生的汇兑损益，在进行汇款时支付的银行手续费，企业给予购买方结算时的现金折扣等。

在财务费用科目中，应设置明细科目，核算不同类型的财务费用的发生额。财务费用属于损益类科目，借方登记财务费用的增加，贷方登记财务费用的减少，期末结转至本年利润科目，期末无余额。

一般来说，期间费用科目不登记贷方发生额。期间费用减少无非就是几种情形，一是由于登记错误，多记了期间费用，相应的做红字凭证冲减期间费用即可，账务处理时借方登记负数的期间费用。还有一种情形是与期间费用相对应的收益，例如企业收到的银行利息是一种利息收入，应当冲减财务费用，在借方登记负数的财务费用，而不是在贷方登记财务费用的减少。

财务总监说

在企业经营当中，期间费用过高或者过低都不是一件好事。比如，企业管理费用支出过多，可能意味着企业可能存在预算不准确、人员超额花费等风险；高科技技术企业的管理费用过低，可能意味着该企业的创新能力不足；财务费用过高，可能意味着企业进行了过多借款，可能存在杠杆过高风险。当企业的期间费用出现异常时，企业应当及时寻找异常原因，及时调整，以保证企业的正常经营。

5.2.5　营业外支出

关键词：营业外支出

营业外支出：指除主营业务成本和其他业务支出等以外的各项非营业性支出。

> 东东枪文化公司在做项目报告时发现，合作企业的营业外支出数额极高，经过调查发现，合作企业曾经因合同诉讼导致巨额赔款，且该合同问题是由合作公司违约行为导致的。经过讨论，最后东东枪文化公司决定终止与合作公司的业务往来。

营业外支出是指与企业日常经营无关的支出，具体包括企业违反规定受到的罚款支出，企业对外进行捐赠支出，企业盘亏损失，企业发生的债务重组损失等。营业外支出的项目，与营业外收入相对应，这两项内容必须分别核算，不能抵减。也就是说，假设企业在当期进行债务重组时，既有债务重组利得，又有债务重组损失，应当通过营业外支出和营业外收入两个项目分别核算，不得以营业外收入冲减营业外支出。

借方　　　　　　　　　营业外支出　　　　　　　　　贷方	
本期增加额 ××× …	本期减少额 ××× …
本期借方发生额合计 ×××	本期贷方发生额合计 ×××

企业在会计上列支的营业外支出，在税法上并不是都可以进行企业所得税的税前扣除的。关于营业外支出的税前扣除，税法具体规定如下：

1. 非广告性赞助支出

企业为了促进销售而进行的广告性赞助支出，应该作为销售费用核算。而非广告性赞助支出，与经营无关，应当计入营业外支出。计入营业外支出的这部分非广告性赞助支出，计入利润表，在计算企业利润时扣除。然而，税法规定非广告性赞助支出不得在企业所得税税前扣除，在进行企业所得税纳税申报时，要对此部分支出进行纳税调增。

税法之所以有这样的规定，是因为非广告性赞助支出如果可以税前扣除，一些企业将会通过这个方法通过关联公司转移利润，从而达到少纳税的目的。

2. 违反法律、行政法规缴纳的罚款、滞纳金

罚款和滞纳金是由于企业违反法律、行政法规而发生的，不属于与企业经营业务相关的费用。企业在对其核算时，计入营业外支出，冲减企业利润。然而，税法规定罚款、滞纳金不得在企业所得税税前扣除。

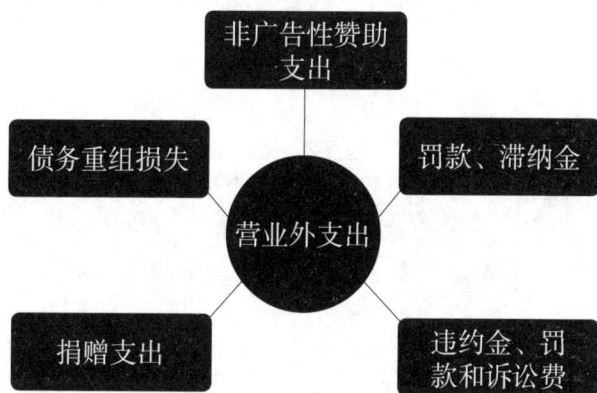

由于罚款和滞纳金本来就是因违法、违规而形成，如果可以进行税前扣除抵税，那么有些企业就不会对罚款产生重视，各种行政处罚也就失去了意义。

3. 违反经济合同规定支付的违约金、罚款和诉讼费

第二条是违反法律、行政法规所支付的罚款、滞纳金，本条虽然也是罚款，却是由违反经济合同而引起的违约金和罚款，与上一条规定的意义并不相同。本条所指的违约金、罚款是企业与企业之间的，在已经签订合同的基础上，违反合同规定，给合同另一方造成经济损失的情形。

这种情形下，违约金、罚款实质上是企业的一种经济损失，通过营业外支出科目进行核算，影响利润总额，可以进行税前扣除。

4. 捐赠支出

捐赠支出是与企业经营业务无关的支出，通过营业外支出科目核算，冲减企业利润。企业直接向受赠人的捐赠不允许税前扣除，企业通过公益性社会团体或者县级以上人民政府及其部门进行的公益性捐赠，允许进行税前扣除。允许扣除的这部分公益捐赠，并不是 100% 可以税前扣除的，只允许扣除不超过年度利润总额 12%的部分。

5. 债务重组损失

在介绍营业外收入的小节已经介绍过。对于债务重组事项，债务人将发生债务重组免除债务的利得，计入营业外收入。债权人将免除债务人的这部分债务金额，确认为发生债务重组的损失，计入营业外支出。债务人发生的债务重组损失，不得进行企业所得税税前扣除。

营业外支出为利润表项目，是计算企业利润总额时的扣除项目。营业外支出科目属于损益类科目，借方登记营业外支出的增加，期末将余额转入本年利润，期末无余额。

企业营业外支出的突增可能代表企业出现大量非常损失、罚款等费用，企业应当辨别上述项目是否是由于企业管理风险导致的异常支出。比如企业存货因火灾出现盘亏，此时应当考虑企业仓库管理当中的不安全因素，组织专人排查，根除安全隐患。或者企业出现高额的税收罚款，应当关注税收管理制度，寻找本企业的问题，以减少因偷税漏税等产生的税收罚款。

财务总监说

5.3 利润

5.3.1 本年利润

◇◇◇

关键词：本年利润

本年利润：指公司当年实现的净利润或者净亏损。

　　本年利润属于所有者权益类科目，是汇总类账户，核算企业是盈利还是亏损。在介绍收入和成本费用类科目时已经介绍过，损益类科目期末没有余额，余额全部结转至本年利润科目。

　　东东枪文化公司 2020 年前半年的利润表项目有：营业收入 200 万元，营业成本 70 万元，税金及附加 10 万元，期间费用总计 10 万元，营业外收入 20 万元，营业外支出 10 万元，本年所得税费用 4 万元。东东枪文化公司前半年本年利润的金额 ＝ 200 － 70 － 10 － 10+20 － 10 － 4 ＝ 116（万元）。

　　由于收入类的科目在发生时记入贷方，所以结转收入类科目时，转入本年利润的贷方。费用类科目发生时记入借方，结转时转入本年利润科目借方。

借方	本年利润	贷方
本期减少额 ××× …		本期增加额 ××× …
本期借方发生额合计 ×××		本期贷方发生额合计 ×××

西西谷公司 2020 年 1 月主营业务收入 20 万元，主营业务成本 12 万元，管理费用 2 万元，销售费用 3 万元，财务费用 0.1 万元。

2020 年 1 月终了时，企业财务人员进行损益结转，编制如下分录：

借：主营业务收入   200000
  贷：本年利润   200000
借：本年利润   171000
  贷：主营业务成本   120000
    管理费用   20000
    销售费用   30000
    财务费用   1000

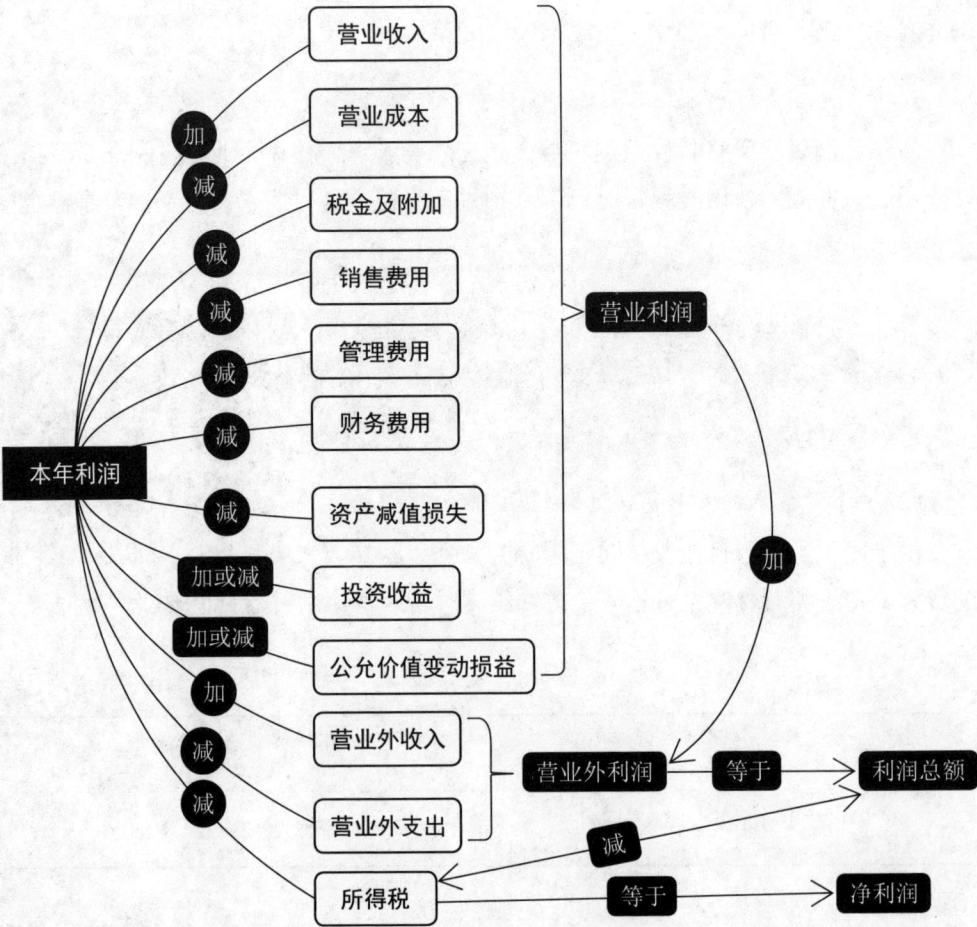

经过上述账务处理，本年利润的余额在贷方，余额为2.9万元。

经过计算，西西谷公司的净利润＝20－12－2－3－0.1＝2.9（万元）。

本年利润的余额可能在借方，也可能在贷方。余额在贷方，说明企业的净利润为正数；余额在借方，说明企业的净利润为负数，即企业亏损。该余额等于利润表上净利润项目的本年累计数。

在平时每月进行账务处理时，如果本年利润的余额在贷方，将本年利润的余额与利润分配的贷方余额相加，填入资产负债表未分配利润项目。如果本年利润的余额在借方，就要以负数的形式与利润分配的贷方余额相加，若利润分配余额也在借方，同样以负数的形式相加，填入资产负债表未分配利润项目。

本年利润科目的余额在年度终了时，结转至利润分配——未分配利润科目。

财务总监说

    利益最大化是企业经营的本质，也是企业盈利状况的直观表现形式。对于企业而言，合理的利润结构是企业抗击危机的主要手段。企业应当在适当范围内发展多元化利润结构，分析盈利项目对于企业盈利的影响，最终确定一个最优盈利结构。

5.3.2　以前年度损益调整

◇◇

关键词：以前年度损益调整

以前年度损益调整：企业本年度发生的调整以前年度损益的事项，以及本年度发现的重要前期差错更正涉及调整以前年度损益的事项。

实战案例

东东枪文化公司在 2020 年 4 月接到税务机关的通知，对 2016 ～ 2018 三个年度的企业所得税进行纳税自查。经过 D 企业的纳税自查，发现 2018 年由于财务人员记账错误，导致少缴纳企业所得税 25000 元，于 2020 年 4 月补缴。

针对此项业务，东东枪文化公司的财务人员编制会计分录如下：

借：以前年度损益调整　　　　　　　　　　25000

　　贷：应交税费——应交企业所得税　　　　　25000

月底结转时

借：利润分配——未分配利润　　　　　　　25000

　　贷：以前年度损益调整　　　　　　　　　25000

以前年度损益调整，核算企业本年度发生的调整以前年度损益的事项，以及本年度发现的重要前期差错更正涉及调整以前年度损益的事项。以前年度损益调整科目在利润表和资产负债表上没有直接体现，不是本年的利润，所以不体现在利润表的净利润中。通过调整期初的未分配利润，间接在资产负债表上体现。

以前年度损益调整项目虽然不直接体现在资产负债表上，却能够影响资产负债表的数值，在企业的总分类账和明细分类账上均有体现。案例中的两个会计分录，以前年度损益调整科目借方发生 25000 元，贷方发生 25000 元，总的影响是零。

如果省略了以前年度损益调整科目，案例中的两个会计分录可以写成：

借：利润分配——未分配利润　　　　　　25000

贷：应交税费——应交企业所得税　　　　25000

　　那么，为什么还要通过以前年度损益调整这个科目作为中间科目进行过渡，而不直接做成合并的分录呢？

　　缺少以前年度损益调整这个中间科目，在资产负债表上，仍然体现应交税费的增加，未分配利润的减少，并没有对资产负债表数据产生影响。以前年度损益调整项目应当体现在企业的所有者权益变动表上，但一般的小企业都不编制所有者权益变动表。对于小企业来说，虽然业务量小业务金额少，但是发生的每笔业务也要在每一个涉及的科目中体现。虽然没有编制所有者权益变动表，但是通过企业的明细账和总账，仍然能看出企业发生过影响以前年度损益的业务。

　　企业的以前年度损益并不会影响企业的本年利润，它影响的是以前年度的损益。值得注意的是，以前年度损益如果涉及所得税变动，是会影响企业所得税税款金额的。

财务总监说

5.4 资产

5.4.1 货币资金

◇◇

> **关键词：库存现金　银行存款　其他货币资金**
>
> **库存现金**：指存放在企业出纳人员手中的现金资产。
>
> **银行存款**：指存放于企业对公银行账户中的现金资产。
>
> **其他货币资金**：指企业除了现金和银行存款以外的货币资产。

　　货币资金包括企业的库存现金、银行存款和其他货币资金。货币资金是资产负债表中流动资产的第一项，期末以企业现金、银行存款和其他货币资金的借方余额加总填列。

借方　　　　库存现金　　　　贷方	
期初余额 ××× 本期增加额 ××× …	本期减少额 ××× …
本期借方发生额合计 ××× 期末余额 ×××	本期贷方发生额合计 ×××

1. 库存现金

　　企业的库存现金是企业资产中流动性最强的资产，库存现金由出纳人员管理，每笔现金收支都由出纳人员记账并收付，剩余现金由出纳人员妥善保管。

　　库存现金的主要用途是满足日常经营中的零星支出，我国对企业现金的收付和使用是有要求的，不是企业想持有多少现金都可以，只允许企业留存一定数额的现金。通常情况下，企业留存的现金不应超过 3 ～ 5 天的零星开支总额，如果企业所处地区偏远，去银行取现不太方便，允许以不超过 15 天的零星支出作为留存库存现金的限额。企业出纳人员收到的现金，应当存入企业银行账户，不得坐支收到的现金。

企业出纳人员应当对现金日记账做到日清月结，每日工作结束时，都要核对现金是否与库存现金日记账记录的现金余额相符。在进行现金清查时，如果出现现金盘盈，需要查明原因，对于未能查明原因的现金盘盈，应当计入营业外收入科目。如果出现现金盘亏，也需要查明原因，对于未能查明原因的现金盘亏，应当计入管理费用科目。

需要注意的是，现金盘盈计入营业外收入，现金盘亏并不是计入营业外支出。这是因为现金盘亏一般都是管理上出了问题，所以通过管理费用核算。

东东枪文化公司在现金盘点时发现，公司库存现金的金额减少了 2000 元。最终查明，是出纳小李将公司库存现金借给了销售人员小方，并且将借条充当现金放在了保险柜中。"白条抵库"是财务人员严禁出现的行为，最终，出纳小李被公司罚款 500 元，扣减了半月的绩效。

库存现金盘点表

单位：		时间：	
面值	张数		金额
壹佰元			
伍拾元			
贰拾元			
拾元			
...			
合计			
盘点人：	监督人：		出纳：

2. 银行存款

银行存款由出纳人员管理，每笔银行账户的收支都要记账，每月终了时与银行对账，确保企业银行存款日记账余额与银行对账单上的余额相符。

当企业与银行对账时，如果企业的账面余额与银行对账单上的余额不相符，除了记账错误，可能还存在未达账项。

未达账项包括以下四种情况：

库存现金盘点报告表

单位名称：　　　　　　　　　年　　月　　日

实存金额	账存金额	实存账存对比结果		备注
		盘盈	盘亏	
...	...	...	...	...

（1）企业已经记录收到款项了，但是银行没收到。这种情况多存在于企业收到转账支票，企业财务人员将转账支票提交到开户银行，由于业务延迟等原因，银行尚未收到货款。而企业财务人员凭借转账支票的存根联，已经登记收款。在这种情况下，企业银行存款日记账的账面余额大于银行对账单的余额。

（2）企业已经记录付出款项了，但是银行并未付出。这种情况多存在于企业开具转账支票，交给收款人，收款人并未提交到其开户银行，或者已提交至开户银行，由于银行业务延迟而未处理。企业财务人员开出转账支票后，根据存根联已经进行银行存款付款的账务处理。在这种情况下，企业银行存款日记账的账面余额小于银行对账单的余额。

（3）银行已经收到款项，而企业并未记录收款。这种情况多存在于企业之间电汇或者网银转账，银行已经收到款项，而企业财务人员并未打印银行回单。企业财务人员是凭借银行业务回单记账的，没有及时打印回单，财务人员便不会记账。在这种情况下，企业银行存款日记账的账面余额小于银行对账单的余额。

（4）银行已经支付款项，而企业并未记录付款。这种情况多存在于税款、手续费的扣缴，企业与税务局和银行签订三方协议后，企业的税费是从银行账户直接扣除，企业的转账手续费和银行的服务费也是由银行账户直接扣除。如果企业的财务人员未能及时打印回单，就会造成银行已经付款，而企业还没有记账。在这种情况下，企业银行存款日记账的账面余额大于银行对账单的余额。

针对上述四种未达账项，企业应当编制银行存款余额调节表，经过余额调节表进行调整之后，企业银行存款日记账的余额和银行对账单的余额相等，便说明记账没有错误。

银行存款余额调节表的样表如下：

项目	金额	项目	金额
企业银行存款日记账余额		银行对账单余额	
加：银行已收、企业未收款		加：企业已收、银行未收款	
减：银行已付、企业未付款		减：企业已付、银行未付款	
调节后的存款余额		调节后的存款余额	

实战案例

西西谷公司的财务人员在 2020 年 2 月 1 日和开户银行对账时，发现企业的银行存款日记账记录的余额为 36 万元，而银行对账单上的余额为 29 万元，财务人员将银行存款日记账上的明细和银行对账单上的明细逐笔进行核对。

财务人员发现 2020 年 1 月 15 日，企业出纳人员将收到的货款 6 万元错记为 8 万元，发现后及时改正，修改后的银行存款日记账余额为 34 万元。

财务人员在继续核对时发现，2020 年 1 月 31 日，企业出纳人员存入转账支票 5 万元，为西西谷公司收到的货款。存入转账支票后，凭借存根联，登记银行存款日记账收入 5 万元。而在 2020 年 1 月 31 日，西西谷公司的银行账户尚未收到货款 5 万元。即银行对账单存在企业已经收款、银行尚未收款的未达账项。西西谷公司财务人员编制银行余额调节表如下：

项目	金额	项目	金额
企业银行存款日记账余额	340000	银行对账单余额	290000
加：银行已收、企业未收款		加：企业已收、银行未收款	50000
减：银行已付、企业未付款		减：企业已付、银行未付款	
调节后的存款余额	340000	调节后的存款余额	340000

3. 其他货币资金

企业的其他货币资金是指除现金和银行存款以外的货币资金，具体包括外埠存款、银行汇票存款、银行本票存款、信用卡保证金存款、信用卡存款、存出投资款。其他货币资金可能是企业用作专门用途的款项或是作为保证金存入单独银行账户的款项。

财务总监说

对于 10 人以下小企业而言，货币资金关系着企业经营的命脉，它是企业正常经营、生存发展的重要保障。企业应当定期或者不定期盘点企业的货币资金，并实时关注相关账户，防止相关人员挪用资金、转移资金。

5.4.2 存货

关键词：存货减值

存货减值： 存货虽然已经按照初始成本记账，但是其进入企业后，可能因为毁损、保存时间过长、市场变化等情况发生价格下跌，下跌价格即为存货的减值。

存货是企业在日常活动中持有以备出售的产品，具体包括在产品、半成品、产成品、商品以及包装物、低值易耗品、委托代销商品等。存货是资产负债表中流动资产中的项目，此项目汇总核算企业拥有的各种存货的价值，其核算的明细项目包括原材料、在产品、库存商品、周转材料等。

存货定义中的关键词是"以备出售"，只有以出售为目的的产品，才能称为企业的存货。例如，企业的原材料是用于建造固定资产的，应当作为工程物资进行核算，而不是作为存货核算。存货是企业的资产，存货的所有权必须归企业所有，因此，委托代销商品属于存货，而受托代销商品不属于存货。

存货按照成本进行初始计量，资产负债表上的存货项目列示的金额表示存货外购取得或者自产所花费的成本，而不是存货未来变现能为企业带来多少钱。

1. 存货采购

存货采购成本采用实际已经支付的价款和相关费用计量。具体包括购买价款、相关税费、运输费、装卸费、保险费和其他可归属于存货采购成本的费用。

如果企业为增值税一般纳税人，购买价款为不含增值税的金额，不包括可以抵扣的进项税额。如果企业为小规模纳税人，在购进货物时，将购货的增值税额一并计入存货成本。相关的运输费、装卸费和购买价款适用同样的规定，即一般纳税人可以抵扣进项税额，小规模纳税人应当将运输费、装卸费的增值税款一并计入存货成本。

2. 存货加工

存货加工成本包括直接能归属到该产品的直接人工费用以及能够分配到该产品上的制造费用。直接人工费用是指直接从事生产人员的工资，制造费用通常是指生产车间分配的水电费、维修费等。

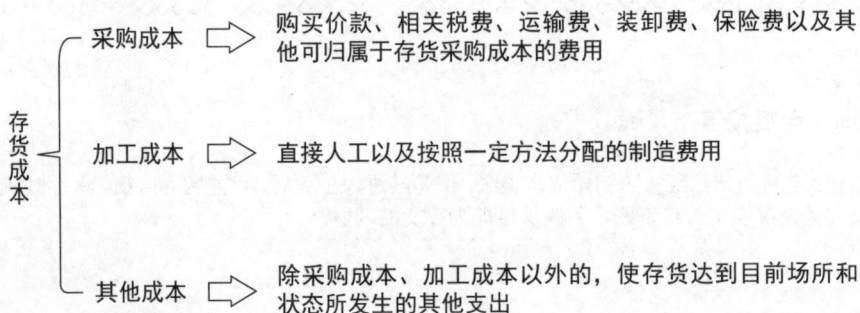

存货成本

- 采购成本 ⇒ 购买价款、相关税费、运输费、装卸费、保险费以及其他可归属于存货采购成本的费用
- 加工成本 ⇒ 直接人工以及按照一定方法分配的制造费用
- 其他成本 ⇒ 除采购成本、加工成本以外的，使存货达到目前场所和状态所发生的其他支出

3. 存货减值

企业拥有的存货很可能由于市场价格的变化或存货本身的损坏而发生减值。衡量存货是否发生减值，要将存货的账面价值和存货的可变现净值进行对比，哪个值低，便采用哪个值计量。

存货的可变现净值，是指假设在此时点将存货对外出售，以估计售价减去目前状态的存货加工至完工时的成本和相关的销售费用、税费。

实战案例

2020 年 2 月底，西西谷公司拥有的 A 型电子设备 2000 台，账面成本为每台 1.2 万元，该批存货没有计提过减值准备。由于电子产品的更新换代，市面上 A 型电子设备的售价为 1.25 万元，销售一台 A 型电子设备，需要花费税费和其他费用 0.7 万元。此时，A 型电子设备的可变现净值 = 1.25 − 0.7 = 0.55（万元）；A 型电子设备的账面成本 = 1.2 万元；由于设备的账面成本小于可变现净值，采用可变现净值对存货的成本进行计量。计提存货跌价准备 = 1.2 − 0.55 = 0.65（万元）。

如果存货的可变现净值大于账面成本，说明存货没有发生减值，不需要进行处理。如果存货的可变现净值小于账面成本，说明存货存在减值，以账面价值和可变现净值的差额为准，计提存货跌价准备。

存货跌价准备是存货的备抵科目，存货的账面成本始终不变，在填写资产负债表时，用存货的账面成本减去存货跌价准备的数值，得到存货的账面价值。

无论是普通企业还是 10 人以下小企业，都应当关注企业存货的减值。在现实当中，存货的可变现净值的确定存在着诸多困难，比如无法合理判断存货的销售价格、无法合理判断加工成本等，如果企业能够合理运用这些因素，存货的减值也可以成为企业管理者调节利润的手段之一。

财务总监说

5.4.3 固定资产

关键词：固定资产　固定资产折旧

固定资产： 固定资产是企业为生产商品、提供劳务、出租或经营管理而持有的，使用寿命超过一个年度的非货币性资产。

固定资产折旧： 指在固定资产使用寿命内，企业按照合理的方法对应计的折旧额进行分摊。其中，应计折旧额是指应当计提折旧的固定资产的原价扣除其预计净残值的金额。

固定资产是企业为生产商品、提供劳务、出租或经营管理而持有的，使用寿命超过一个年度的非货币性资产。固定资产通常使用时间比较长，取得成本比较高，具体包括房屋建筑物、机器设备、车辆等运输工具、电子设备、器具、工具等。

固定资产在资产负债表中非流动资产中列示，设有固定资产原价、累计折旧、固定资产账面价值这三个项目。固定资产原价为取得时的成本；累计折旧是指企业按照一定的折旧方法，分摊到每期折旧的累计加总额；固定资产账面价值为固定资产原价减去累计折旧的余额。

固定资产清理也是资产负债表的列示项，核算固定资产处置时的价值、清理费用和清理收入。

1. 固定资产原价

固定资产的取得方式主要有两种，外购取得和自建取得。

外购固定资产的取得成本，包括固定资产的购买价款、税费、运输费、装卸费、安装费和专业人员服务费等。

按照我国现行税法的规定，增值税一般纳税人外购固定资产的进项税额可以抵扣，不并入外购成本，小规模纳税人外购时支付的增值税并入外购成本。可以计入成本的运输费、装卸费、安装费和专业人员服务费，是指使固定资产达到预定可使用状态前发生的，在固定资产已经投入使用后发生的，应当计入当期费用。

172

自行建造取得的固定资产，应当将建造固定资产时发生的材料成本、人工成本、税费、资本化的借款费用等计入固定资产成本。这里的材料成本是指为企业建造固定资产所购买的工程物资，工程物资的购买价款、装卸费、运输费、保险费等，全部计入工程物资的成本。

房屋、建筑物，折旧年限为20年

飞机、火车、轮船、机器、机械和其他生产设备，折旧年限为10年

与生产经营活动有关的器具、工具、家具等，折旧年限为5年

飞机、火车、轮船以外的运输工具，折旧年限为4年

电子设备，折旧年限为3年

固定资产在建造过程中通过在建工程科目核算，在固定资产达到预定可使用状态前发生的全部费用，都计入在建工程，待固定资产达到可使用状态后，再由在建工程转入固定资产。需要进行复杂安装的固定资产，也需要先通过在建工程科目核算，待安装完毕后转入固定资产。在建工程和工程物资是资产负债表非流动资产中的列示项目，在固定资产项目下方。

2. 累计折旧

无论是何种用途的固定资产，在使用过程中都会有磨损。以一台使用寿命为10年的生产设备为例，在前两年使用时，生产设备的效率高几乎没有故障，随着时间的推移，各个零部件磨损越来越严重，故障频发，生产效率也不如从前。这台生产设备能够为企业提供的价值逐年减少，直至停止使用报废时结束。

西西谷公司的老板对公司固定资产的折旧年限很不满，如果将折旧年限缩短，便可以更快地将办公楼的成本转移至生产经营当中，但是公司的财务人员将办公楼的折旧年限设置为 20 年。老板找来了财务总监，经过询问才得知，原来办公楼的折旧年限并不能够随意规定，按照相关会计准则，房屋等建筑物的折旧年限最少为 20 年。

我们为了更准确地体现固定资产的价值，应当对固定资产计提折旧。根据固定资产使用情况不同，可以进行直线折旧或者加速折旧，具体折旧方法包括年限平均法、工作量法、年数总和法、双倍余额递减法。

我国税法对固定资产最低折旧年限有具体规定，房屋、建筑物最低折旧年限为 20 年，飞机、火车、轮船、机器、机械和其他生产设备最低折旧年限为 10 年，与生产经营活动有关的器具、工具、家具等最低折旧年限为 5 年，飞机、火车、轮船以外的运输工具最低折旧年限为 4 年、电子设备最低折旧为 3 年。

实战案例

西西谷公司拥有一项行政管理部门用的固定资产，预计使用寿命为 10 年，净残值为 4 万元，采用年限平均法计提折旧，固定资产的原价为 40 万元，计算固定资产的月折旧额。

年折旧额＝（40 － 4）÷10 ＝ 3.6（万元）

月折旧额＝ 3.6÷12 ＝ 0.3（万元）

财务人员每月编制如下会计分录：

借：管理费用　　　　　　　　　　　3000

　　贷：累计折旧　　　　　　　　　　3000

累计折旧是固定资产原价的备抵科目，是资产负债表的填写项目。固定资产原价减去累计折旧之后，才是固定资产的账面价值。固定资产折旧本质上是一种会计估计，因为固定资产精准折旧的计量难以实现，只能通过会计估计估算固定资产的价值。

3. 固定资产清理

企业的固定资产因出售、报废和毁损等原因进行处置的，转入固定资产清理科目核算。

实战案例

西西谷公司处置一项固定资产，该固定资产原价20万元，已计提折旧16万元，出售残料通过银行账户收取款项4.5万元，假设不考虑相关税费，西西谷公司财务人员编制如下会计分录：

借：固定资产清理　　　　　　　　　　　　　　40000
　　累计折旧　　　　　　　　　　　　　　　　160000
　　贷：固定资产　　　　　　　　　　　　　　　　　　200000
借：银行存款　　　　　　　　　　　　　　　　45000
　　贷：固定资产清理　　　　　　　　　　　　　　　　45000
固定资产清理的差额，计入营业外收入或者营业外支出。
借：固定资产清理　　　　　　　　　　　　　　5000
　　贷：营业外收入　　　　　　　　　　　　　　　　　5000

固定资产清理是一个中间科目，如果企业在财务报表当期完成清理，则资产负债表中的固定资产清理项目没有数值，如果企业在当期没有完成清理工作，那么固定资产清理项目的数值为还未进行清理的固定资产，仍属于企业的资产。

固定资产是10人以下小企业当中一项重要的资产组成部分。企业应当加强对固定资产的管理，及时调整固定资产的使用、维修、处置政策，提高固定资产的管理效率，从而提高企业利润水平，提高企业的经济效益。

财务总监说

5.4.4 无形资产

　　无形资产和固定资产都属于企业的长期资产，最大的区别是无形资产不具有实物形态。企业的无形资产，是企业拥有的没有实物形态却又可以辨认和单独计量的非货币资产。具体包括专利权、非专利技术、商标权、著作权、特许权和土地使用权等。

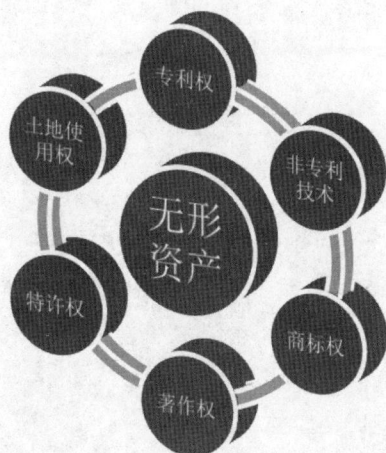

　　无形资产应按取得成本进行初始计量，取得方式主要有两种，外购取得和自主研发取得，这一点和固定资产的取得有些类似。

　　外购取得的无形资产，其成本包括购买价款、税费和其他支出。需要注意的是，其他支出仅限于使无形资产达到预定用途前发生的费用，对于无形资产投入使用之后的相关费用，应当计入当期损益。

企业自行研究开发无形资产，分为研究阶段支出和开发阶段支出，研究阶段支出不计入无形资产的成本，计入当期损益。开发阶段支出根据是否符合资本化条件，确定部分或全部计入无形资产成本，不符合资本化条件的开发阶段支出，计入当期损益。

西西谷公司近几年的研发能力提升很快，同时这也导致公司发生了更多的研发支出。随着公司创新能力的提升，西西谷公司逐渐在市场上有了一席之地。为了更快成长为创新型企业，公司在新技术的研发上投入了更多资金。在技术研发成功后，西西谷公司的利润完全抵消了研发新技术的成本。

无形资产的摊销和固定资产折旧原理相同，无形资产虽然没有实物形态不存在磨损，但随着时间的推移可能会有新技术的出现，导致无形资产创造的价值远远不及当时按照初始成本计量的价值。

企业在取得无形资产时，应当根据该无形资产的性质，判断其使用寿命。对于有使用寿命的无形资产，在其使用寿命内进行摊销。对于使用寿命不确定的无形资产，不进行摊销，于每个会计期末进行减值测试，如果存在减值，应当计提无形资产减值准备。

无形资产的摊销方法包括年限平均法、生产总量法等。无形资产在一般情况下没有残值，只有第三方承诺在无形资产使用寿命结束时购买，无形资产才有预计残值。

实战案例

东东枪文化公司拥有一项使用寿命为10年的无形资产用于产品生产，初始成本24万元。该无形资产预计净残值为0，采用年限平均法摊销。

年摊销额＝24÷10＝2.4（万元）

月摊销额＝2.4÷12＝0.2（万元）

东东枪文化公司财务人员每月编制如下会计分录：

借：制造费用　　　　　　　　　　　2000

　　贷：累计摊销　　　　　　　　　　　　2000

无形资产的摊销根据无形资产用途不同计入不同的科目：生产产品用的无形资产，摊销额计入制造费用；行政管理用的无形资产，摊销额计入管理费用；用于出租的无形资产，摊销额计入其他业务成本。

当企业无形资产存在可能发生减值的迹象时，应当对其进行减值测试。对比无形资产的账面价值和可收回金额，当可收回金额低于账面价值时，企业应当以可收回金额和账面价值的差额，计提无形资产减值准备。无形资产减值损失一经确认，在以后会计期间不得转回。

实战案例

西西谷公司拥有一项使用寿命不确定的无形资产，2019 年末账面价值为 20 万元，市场上出现了与该无形资产相竞争的新技术，导致该无形资产的市场价格下降，西西谷公司因此对该项无形资产进行减值测试。

该无形资产在 2019 年 12 月 31 日的可收回金额为 12 万元，低于账面价值 20 万元，西西谷公司对该项无形资产计提了减值准备，编制会计分录如下：

借：资产减值损失　　　　　　　　　　　　　　　80000

　　贷：无形资产减值准备　　　　　　　　　　　　80000

无形资产在资产负债表中根据净值列示，即无形资产在资产报表日的账面价值。账面价值为无形资产的初始成本减去累计摊销和无形资产减值准备的余额。

财务总监说

在知识经济时代，无形资产在企业中的地位和作用越来越高。对于 10 人以下小企业而言，为了占据市场，扩展业务，管理者更加需要在技术研发上下功夫。值得思考的是，无形资产的研发究竟能否给企业带来足够的经济效益以支撑企业的前期投入？技术的研发并不一定成功，但是资本的投入却是必需的，这对于 10 人以下小企业而言，是一个两难的挑战。

5.4.5 应收款项

关键词：应收款项

应收款项：应收款项是企业在生产经营过程中形成的各项债权，具体包括应收票据、应收账款、应收股利、应收利息和其他应收款。

应收款项是企业在生产经营过程中形成的各项债权，具体包括应收票据、应收账款、应收股利、应收利息和其他应收款，这几项内容都是资产负债表的列示项。

1. 应收票据

```
                              ┌── 应收票据
                              ├── 应收账款
              ┌────────────┐  │
              │  应收款项   │──┼── 应收股利
              └────────────┘  │
                              ├── 应收利息
                              └── 其他应收款
```

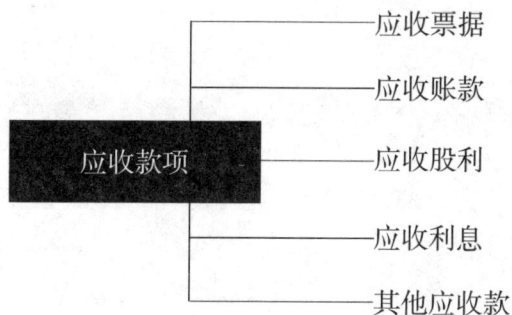

应收票据和应收账款的性质差不多，都是由企业销售商品或者提供劳务引起的，应收账款是还没收到任何货款，应收票据核算的是企业收到的商业汇票。

商业汇票本质上是一种收款凭证，由出票人签发，持有商业汇票的收款人拿着商业汇票提示委托付款人付款，委托付款人就会在指定日期将款项支付给收款人。商业汇票是有支付期限的，最长的付款期限不超过 6 个月，在支付期限之前，可以转让给其他收款人。

资产负债表上的应收票据项目，填列的数值为企业取得的尚未到期、尚未转让的应收票据。

2. 应收账款

应收账款是企业在销售商品和提供劳务之后，尚未收到的款项。应收账款的入账价值包括销售商品、提供劳务的收入、增值税税额、代垫的包装费、运杂费等。

应收账款核算的是赊销部分的收入，既然是赊销，就会有款项无法收回的可能性。企业应当对应收账款的账龄和购买方的经济情况进行评估，从而评估应收账款的实际价值。如果购买方的支付能力减弱，可能无法按时全额支付欠款，说明应收账款存在减值迹象，应当计提坏账准备。

坏账准备是应收账款的备抵科目，坏账准备增加记贷方，减少记借方，期末余额在贷方。资产负债表上填列的应收账款项目的金额，为应收账款扣除坏账准备的金额。

实战案例

2019 年 12 月 31 日，西西谷公司对应收账款进行评估，发现其中一项东东枪文化公司的欠款 20 万元已经 3 年未收回。经过了解，东东枪文化公司面临财务困难，支付能力明显减弱，西西谷公司可能不能够全额收回欠款。西西谷公司财务人员估计，东东枪文化公司的欠款只能收回 15 万元，因此，对东东枪文化公司的应收账款计提坏账准备 5 万元。

西西谷公司财务人员编制会计分录如下：

借：信用减值损失 50000
　贷：坏账准备 50000

企业应当定期与产生应收账款的客户进行对账，核对与每个客户的往来账目明细，确保企业账簿上记载的应收账款数额与实际债权相符。

3. 应收股利

应收股利是指企业进行投资后，应当从被投资单位收取但尚未收到的现金股利或利润。

当被投资单位宣告分配股利时，企业将应当收到的金额计入应收股利，实际收到时，贷记应收股利，借记相应收到的货币资金。

西西谷公司对某公司进行投资，占某公司30%的股份。2020年4月1日，某公司召开股东会议，决定对2019年取得的净利润中的60万元进行分配，西西谷公司可以分得利润＝60×30%＝18（万元），某公司预计5月以银行存款形式支付给各股东。

西西谷公司于2020年4月1日编制会计分录如下：

借：应收股利　　　　　　　　　　　　180000

　　贷：投资收益　　　　　　　　　　　　　180000

实际收到股利时：

借：银行存款　　　　　　　　　　　　180000

　　贷：应收股利　　　　　　　　　　　　　180000

4. 应收利息

应收利息是指企业借款后，根据借款合同或协议规定应当向债务人收取的利息。企业应当在协议约定的付息日计提应收利息，实际收到时，贷记应收利息，借记相应的货币资金。应收股利和应收利息，都通过投资收益项目在利润表中体现。

5. 其他应收款

其他应收款包括企业应收的赔款、罚款、出租包装物租金、各种垫付款项、暂付款项等，无法通过应收票据、应收账款、应收股利核算的应收款项，都通过其他应收款来核算。

财务总监说

对于10人以下小企业而言，提高应收款项的周转速度，是企业稳健经营的一个重要前提。赊销虽然能够扩大企业的销售规模，但是在一定程度上会给企业带来巨大的资金压力，小企业的资金规模有限，如果一味提高应收款项的规模，而不对应收款项的回收进行管理，企业最终会出现资金链断裂，从而引发严重的财务危机。

5.4.6　预付账款

关键词：预付账款

预付账款：预付账款是企业按照购销合同的规定，预先将合同款项支付给卖方单位的款项。

　　东东枪文化公司的刘总看着桌上财务报表一头雾水，情急之下只能叫来财务小方，说道"小方啊，你编制的这个财务报表，我怎么看不懂，看到资产负债表资产这部分我就看不明白了，预付账款、预收账款都是什么意思？"小方耐心地回答道："刘总，您别着急，我慢慢给您讲解。预付账款是咱们公司预先支付给卖方的款项，预收账款是咱们预收买方的款项。"

　　刘总仍然一脸疑惑地问道："小方啊，你这么说我还是不懂，咱们预先付给卖方的款项是预付账款，这笔钱我都付出去了，怎么还能写在资产负债表中的流动资产里？付出去的钱也能算资产吗？"小方回答道："刘总，您这么想，预付账款是咱们已经付过的钱，按理说，钱都不在咱们这了，应该不算咱们的资产。但是您想，咱们为什么要付这笔钱，咱们把钱付了卖方，卖方得给咱们货呀，咱们先付了钱，卖方还欠着货，这部分应该给咱们却还没给的货物，虽然可能还在对方的仓库里，但这货物是不是咱们的资产？"

　　刘总皱着的眉头终于舒展开了，回答道："听你这么解释我就明白了，同样的道理，预收账款是买方预先付给咱们公司的款项，所以是买方的资产，咱们公司的负债。"

　　企业在日常经营业务活动中，可能存在按照合同、协议预先支付货款，却并没有实际收到货物的情况。企业预付的款项，本质上来说是企业取得货物的债权。

　　按照一般的合约，企业将预付款项支付给销售方，销售方应当在合同期限内给企业发货进行偿付，如果遇到特殊情况不能发货，应当将预付的款项返还，并支付一定的违约金。这里的预付账款可以是部分货款，也可以是定金，具体金额由合同双方商议而定。

实战案例

西西谷公司为增值税一般纳税人。2020 年 4 月 1 日，西西谷公司打算从 C 企业采购一批原材料，因为该类原材料库存紧俏，需要先预付货款才能发货。西西谷公司于是通过银行存款支付货款 42 万元，到 2020 年 4 月 30 日，C 企业尚未发货。

西西谷公司财务人员编制会计分录如下：

借：预付账款　　　　　　　　　　　　　　　420000

　　贷：银行存款　　　　　　　　　　　　　　420000

2020 年 5 月 5 日，C 企业有足够的库存给西西谷公司发货，由于原材料价格上涨，西西谷公司订购的那批原材料货款需要 45.2 万元。西西谷公司用银行存款支付了剩余货款 3.2 万元，C 企业给西西谷公司发货，西西谷公司验收入库。C 企业为西西谷公司开具了增值税专用发票，注明价款 40 万元，增值税额 5.2 万元。

西西谷公司财务人员编制会计分录如下：

借：原材料　　　　　　　　　　　　　　　　400000

　　应交税费——应交增值税（进项税额）　　52000

　　贷：预付账款　　　　　　　　　　　　　　420000

　　　　银行存款　　　　　　　　　　　　　　32000

企业通过预付账款科目核算预先支付款项的增加、减少情况。预付账款就是企业的资产，增加记入借方，减少记入贷方，在资产负债表中流动资产下列示，反映企业在资产负债表日预付款项的金额。

在小企业的日常经营中，预付货款购买货物是十分常见的现象。尤其是对于某些市场上紧俏的商品，都需要先付一部分定金。在两个从未合作过的企业之间，预付定金或部分货款，能对双方起到保护作用，避免一方因信用问题带来严重的财务损失。

只是在财务操作中，很多不熟悉财务管理的人不太能够理解将预付货款作为资本的会计记账方法，对于此，读者只要记得照做就可以了。

财务总监说

> 对于 10 人以下小企业而言，预付账款是企业与供应商保持长期稳定合作关系的基础。但是企业应当注意预付账款的支付规模，毕竟预付账款会减少企业的流动资产，会给企业的生产经营造成负担。因此，合理审批预付账款，及时考核预付账款的数额，将预付账款维持在可控范围内，是 10 人以下小企业正常生产的保障。

5.5　负债

5.5.1　短期借款

◇◇

关键词：短期借款

短期借款：指企业在日常经营业务中，由于临时性资金短缺或周转需要，从银行、其他金融机构或其他企业借入的在短期内偿还的借款，期限通常在一年以内。

无论是中大型企业或是小型企业，在日常经营中，都免不了进行借款。尤其是对于小企业来说，投资者投入的资本有限，而日常经营中，还会形成很多应收款项，导致资金不能及时周转。

短期借款是企业在日常经营业务中，由于临时性资金短缺或周转需要，从银行、其他金融机构或其他企业借入的在短期内偿还的借款，期限通常在一年以内。

西西谷公司的老板最近希望投资于一项金融项目，由于所需资金规模较大，如果以企业现有的货币资金投资，可能会对企业的生产经营造成影响。但是如果不投资，又会丧失可能获得的巨大收益。在财务人员的建议下，公司向某小型金融机构借入了一笔款项，这样，西西谷公司既不用冒着影响公司经营的风险投资，又可以利用财务杠杆获得投资收益。

短期借款是资产负债表中流动负债下的第一个项目，核算企业尚未偿还的短期借款的本金。短期借款科目属于负债类科目，增加记入贷方，减少记入借方，期末余额在贷方。

借方	短期借款	贷方
本期减少额 ××× ...		期初余额 ××× 本期增加额 ××× ...
本期借方发生额合计 ×××		本期贷方发生额合计 ××× 期末余额 ×××

短期借款主要包括经营周转借款、临时借款、结算借款、票据贴现借款、卖方信贷、预购定金借款、专项储备借款。

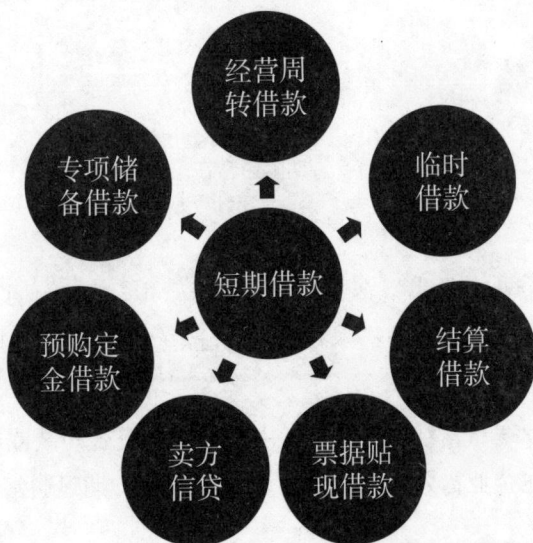

经营周转借款是企业为了保证一个良好的支付能力水平，而对外产生的借款，经营周转借款具有日常性，不是因为某个突发事件而突然产生。通常企业会与相关银行签订周转信贷协议，企业在一定的额度内，可以随时进行短期借款，满足日常经营需要。

临时借款是指企业由于季节性的因素或者一些临时的突发事件，导致企业出现正常周转的资金不能满足需要，需要借入超出经营周转借款范围的短期借款。

2019年1月1日，东东枪文化公司向C银行借入短期借款20万元，期限为9个月，年利率为6%，利息按季度支付，到期一次性偿还本金。东东枪文化公司财务人员编制会计分录如下：

2019 年 1 月 1 日借款时：

借：银行存款　　　　　　　　　　　　200000

　　贷：短期借款　　　　　　　　　　　200000

2019 年 1 月 31 日～2019 年 3 月 31 日，东东枪文化公司财务人员每月计提利息＝20×6%÷12＝0.1（万元）。

借：财务费用　　　　　　　　　　　　1000

　　贷：应付利息　　　　　　　　　　　1000

季度支付利息时：

借：应付利息　　　　　　　　　　　　3000

　　贷：银行存款　　　　　　　　　　　3000

到期偿还本金时：

借：短期借款　　　　　　　　　　　　200000

　　贷：银行存款　　　　　　　　　　　200000

　　企业持有银行承兑汇票或商业承兑汇票的这些应收票据，由于票据有付款期限，在未到付款日期的时候，企业资金周转困难。企业可以将票据贴现，先得到款项，并支付贴现利息。

　　短期借款在资产负债表中列示的金额是短期借款的本金。无论利息以何种方式支付，计提利息时，都计入应付利息，而不计入短期借款科目。

财务总监说

　　就融资方式而言，短期借款是一种债务融资，其可以避免公司的股权稀释。但是其也存在着一定的风险，比如，短期借款到期后，如果企业无资金偿还，可能面临担保物品被抵押的风险。

5.5.2　应付利息

关键词：应付利息

应付利息： 应付利息是指企业按照合同约定应当支付给对方企业的利息。

> 　　西西谷公司的王总拿着财务报表，叫来了财务小刘，问道："小刘啊，你这个财务报表做得有问题啊，咱们公司从银行借的那笔款按季度付利息，这刚借款一个月，我还没付利息呢，为什么你在资产负债表上记录啊？"小刘回答道："王总，您说的是资产负债表上的应付利息吧？"王总道："没错，就是这个。"
>
> 　　小刘继续说道："王总，应付利息反映的是公司应该付却没有付的利息，而不是付过的利息，这笔借款是按季度付利息，但是我在进行账务处理的时候，应该按月计提，毕竟这个月的利息是发生在当月的费用，不能等到季度支付的时候再记录，那样就记错了所属区间。"王总道："哦，是这样啊。"

　　企业进行短期借款时，短期借款项目只核算借款的本金，相关利息通过应付利息科目核算。企业应当按照借款合同约定的利率计算利息，每月计提应付利息。需要注意的是，应付利息和应计利息不同，应付利息是企业作为债务人借款需要支付的利息，应计利息是企业作为债权人或者存款人，应当收取的利息。

　　应付利息是企业的负债，在资产负债表流动负债下列示。计提利息时记入应付利息的贷方，实际支付利息时记入应付利息的借方，资产负债表中的应付利息金额反映企业在资产负债表日应当偿还却尚未偿还的借款利息。

实战案例

东东枪文化公司是新成立的小型企业，由于流动资金不足，向 A 银行借入一笔短期借款 10 万元，期限为 6 个月，年利率 6% 单利计息，到期一次还本付息。

东东枪文化公司每月需要计提的利息 = 100000×6%÷12 = 500（元）

6 个月合计应付利息 = 500×6 = 3000（元）

东东枪文化公司财务人员每月编制计提利息的分录如下：

借：财务费用　　　　　　　　　　　　　　　500

　　贷：应付利息　　　　　　　　　　　　　　500

到期一次性偿还本金和利息时：

借：短期借款　　　　　　　　　　　　　100000

　　应付利息　　　　　　　　　　　　　　3000

　　贷：银行存款　　　　　　　　　　　　103000

企业将借款用于特定用途的，按照用途不同记入不同的科目。用于日常经营周转的借款，利息一般记入财务费用。如果是用于专门建造某项建筑工程的借款利息，应当记入在建工程科目。企业用于研发支出的借款利息，应当记入研发支出科目。

应付利息作为一项负债，在一定程度上会对企业的经营造成负担。另一方面，应付利息也可以作为企业利润的抵减项目，减少企业的利润，减少企业所得税的缴纳。

财务总监说

5.5.3 应付账款

关键词：应付账款

应付账款：指企业因购买材料、商品等经营活动应当支付给买方单位的款项。

企业在日常经营业务中，购进货物、劳务或接受服务，应当支付却没有支付的款项，通过应付账款进行核算。应付账款属于企业的经营负债，应付账款的增加记入贷方，减少记借方，在资产负债表中流动负债下列示，反映企业在资产负债表日的所欠的账款。

实战案例

东东枪文化公司欠西西谷公司一笔30万元的购货款，东东枪文化公司资金周转出现严重问题无法全额偿还，西西谷公司急需这笔钱周转。于是西西谷公司和东东枪文化公司协商，达成债务重组协议。东东枪文化公司将成本18万元、市场价20万元的存货和5万元的银行存款支付给西西谷公司，两个企业的债务债权关系终止。相当于西西谷公司给东东枪文化公司打个折扣，本来欠30万元，现在还25万元就可以了。

不考虑相关税费，东东枪文化公司的财务人员编制如下会计分录：

借：应付账款　　　　　　　　　　　　　300000

　　贷：主营业务收入　　　　　　　　　200000

　　　　银行存款　　　　　　　　　　　50000

　　　　营业外收入　　　　　　　　　　50000

结转相应的存货成本：

借：主营业务成本　　　　　　　　　　　180000

　　贷：库存商品　　　　　　　　　　　180000

企业在经营过程中，如果考虑到货币的时间价值，应当收到的款项越早收到越有利，应当支付的款项越晚支付越有利，这也是赊销形成的原因，从而出现了应收账款和应付账款。

应付账款作为一种经营负债，如果金额过大，可能说明企业的支付能力弱、资金周转出现问题。如果应付账款金额为零或金额过小，企业的支付能力没有问题，却存在没有合理利用收账期以获取货币时间价值的财务管理问题。

企业清偿债务时，并非全部使用现金支付，也可以与供应商协商，通过非货币性资产抵偿。当企业由于经营困难、资金周转问题无法偿还债务时，可以与债权人协商，进行债务重组。债务重组的本质是原来的欠款无法全额偿还，与债权人协商免除一部分欠款，即"打折"清偿债务。

案例中的企业以存货偿还欠款，作为视同销售处理，记入主营业务收入，并结转主营业务成本。如果企业以固定资产偿还债务，应当把相关损益记入固定资产清理科目。进行债务重组的账务处理时，以非货币性资产支付的，根据非货币性资产的性质，视同处置相应非货币资产进行会计处理。

企业的财务人员应当定期与应付账款的债权人对账，核对与各个供应商往来账目明细，确保企业账簿记载的应付账款与实际相符。财务人员应当妥善保管企业与供应商的对账明细，以备日后查证与交接。

财务总监说

对于 10 人以下小企业而言，应付账款虽然是一项很好的信用工具，但是企业并不能过度使用应付账款的负债方式经营。过多的应付账款会使得本公司的信用度降低，从而影响企业和供货企业的关系，最终导致企业产生严重的信用危机，直接影响企业的运作与发展。

5.5.4 预收账款

预收账款： 预收账款是企业以买卖双方的合同或者协议为依据，向购货方预收的购货定金或部分货款。

实战案例

西西谷公司为增值税一般纳税人，2020 年 1 月 31 日和 T 企业达成初步销售意向，向西西谷公司销售一批货物。由于之前从未合作过，T 企业提出先通过银行存款支付定金 10 万元，待收到货物验收无误时，支付全部货款。

收到定金时，西西谷公司财务人员编制如下会计分录：

借：银行存款　　　　　　　　　　　　　　　　100000

　　贷：预收账款　　　　　　　　　　　　　　　100000

在 2020 年 1 月 31 日的资产负债表中预收账款项目金额为 10 万元，反映西西谷公司应当履行的发出货物的义务。

2020 年 2 月 1 日，西西谷公司发出货物，经 T 企业验收无误并通过银行收到剩余款项 57.8 万元，开具增值税专用发票注明价款 60 万元，增值税额 7.8 万元。

西西谷公司财务人员编制如下会计分录：

借：银行存款　　　　　　　　　　　　　　　　578000

　　预收账款　　　　　　　　　　　　　　　　100000

　　贷：主营业务收入　　　　　　　　　　　　　600000

　　　应交税费——应交增值税（销项税额）　　　78000

此时，西西谷公司已经履行了发出货物的义务，所以不存在预收账款这项负债。

企业在销售商品、提供劳务和应税服务取得收入时，应当符合收入确认的五项原则，才能确认收入。在实际经营中，当企业与购买方初步达成协议时，可能会先收取一部分定金，当购买方收到货物后，才支付全部货款并确认收入。

　　企业通过预收账款科目核算向购货方预收的购货订金或部分货款，企业收到购买方的定金或部分货款之后，应当在一定期限内为购买方提供货物、劳务或者服务。从本质上来讲，是企业应当履行的一项债务，需要通过货物、劳务或者服务来偿还。因此，预收账款是一项经营负债，在资产负债表中流动负债下列示。等到企业收到全部款项，并符合收入确认条件确认相应的收入时，冲回预收账款并确认相应收入。

　　如果企业未能如期交付标的货物，应当退还定金或部分预付款项，冲回预收账款。如果合同协议约定需要支付违约金，企业应当支付违约金，在账务处理时，将支付的违约金计入营业外支出。

财务总监说

　　预收货款常常被作为企业规避税收的一个重要手段。但是企业应当注意，这种方法并不符合会计的权责发生制，如果企业预收账款挂账太多，税务部门便会着重关注本企业纳税管理，企业也可能因此被税务检查，进而产生税务罚款。

5.5.5 应付职工薪酬

企业进行会计核算时，通常以自然月份作为一个期间进行核算，即每月的第一天到最后一天。企业工作人员的工资也只有在一个月度结束时才能够准确地核算。这种核算方式就会形成在核算当期，只有应付工资的数额在下期才能实际发放。

企业通过应付职工薪酬科目核算应付职工薪酬的计提、发放等情况。应付职工薪酬本质上是企业的一项债务，通过发放工资来偿还。因此，应付职工薪酬科目属于负债类科目，增加时登记在贷方，减少时登记在借方。应付职工薪酬是资产负债表上流动负债中的项目，反映企业在资产负债表日应付未付的职工薪酬，是企业的经营负债。

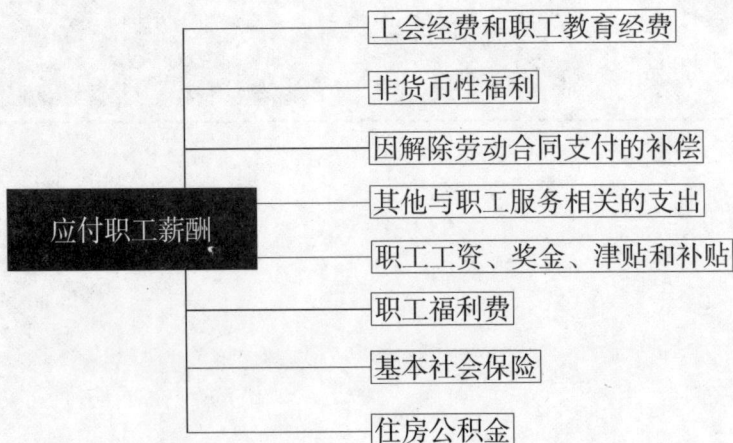

应付职工薪酬
- 工会经费和职工教育经费
- 非货币性福利
- 因解除劳动合同支付的补偿
- 其他与职工服务相关的支出
- 职工工资、奖金、津贴和补贴
- 职工福利费
- 基本社会保险
- 住房公积金

应付职工薪酬项目不仅核算企业员工的工资，还包括职工福利费、社会保险费、住房公积金、工会经费、职工教育经费、非货币性福利等项目。企业应当按照核算的明细，设置相应的二级科目。

东东枪文化公司的老板在翻阅企业会计账簿时发现，企业每月均会支出一大笔保险费用，于是老板找来会计小王："小王啊，咱们公司的保险费用的支出规模很大，有没有什么办法进行调整呢？"小王为难地说道："按照法律规定，公司应当为员工缴纳社保，如果我们不缴纳社保，很有可能被有关部门处罚！"老板听完小王的话，便不再要求会计减少社保支出。

根据企业员工工资、福利费、社会保险费、住房公积金的负担对象不同，分别记入相应科目。企业生产人员的工资费用记入生产成本、制造费用、劳务成本等科目，行政管理部门人员的工资费用记入管理费用科目，销售人员的工资费用记入销售费用科目，企业研究人员的工资费用记入研发支出科目。

实战案例

R企业2020年3月31日，计算企业员工工资，计提本月应交职工社保、住房公积金。企业员工工资总额25万元，其中生产部门人员工资10万元，销售部门工资8万元，管理部门工资7万元。社会保险费3万元，住房公积金1万元，其中管理部门负担五险一金费用1万元，销售部门负担五险一金费用1.2万元，生产车间负担五险一金费用1.8万元。

```
借：管理费用——工资                          80000
    销售费用——工资                          92000
    生产成本——基本生产成本——直接人工        118000
    贷：应付职工薪酬——工资                  250000
            ——社会保险费                    30000
            ——住房公积金                    10000
```

企业实际发放职工薪酬时，借记应付职工薪酬，库存现金、银行存款等相关科目。企业的职工薪酬并非全部以现金形式发放，企业以自产或者外购商品作为职工福利发放的，以自产或外购商品的公允价值计量，记入应付职工薪酬的二级科目非货币性福利科目中，自产的货物视同销售进行账务处理。企业为职工提供住房的，也属于职工薪酬的一部分，记入非货币性福利的金额为住房的折旧金额。

财务总监说

应付职工薪酬是企业的一项必要成本。对于10人以下小企业而言，控制人员效率、减少人工成本是企业减少成本支出一个重要方法。使用本方法节流，必须考虑员工的工作强度和工作意愿，否则不仅会造成人员流失，还会导致企业生产经营受到影响。

5.5.6 应交税费

关键词：应交税费

应交税费：指企业应当按照国家税收管理的有关规定，对其经营所得等应税所得依法缴纳的各种税费。

> 今日，东东枪文化公司在税务机关例行检查时被下发了税务文书，要求公司缴纳以前年度未缴纳的印花税。原来，由于会计小王的失误，公司自上年以来，所购买的账簿和合同均未按照税法要求"贴花"，按照相关要求，东东枪文化公司不仅要补缴印花税款，还要就未及时"贴花"缴纳税收滞纳金。

无论是中大型企业还是小企业，都要按照我国税法的规定缴纳税款。在我国，主要税种的申报期限一般在征税期 15 个工作日内进行纳税申报并缴款。企业在核算应该缴纳的税款时，应当通过应交税费科目来核算。

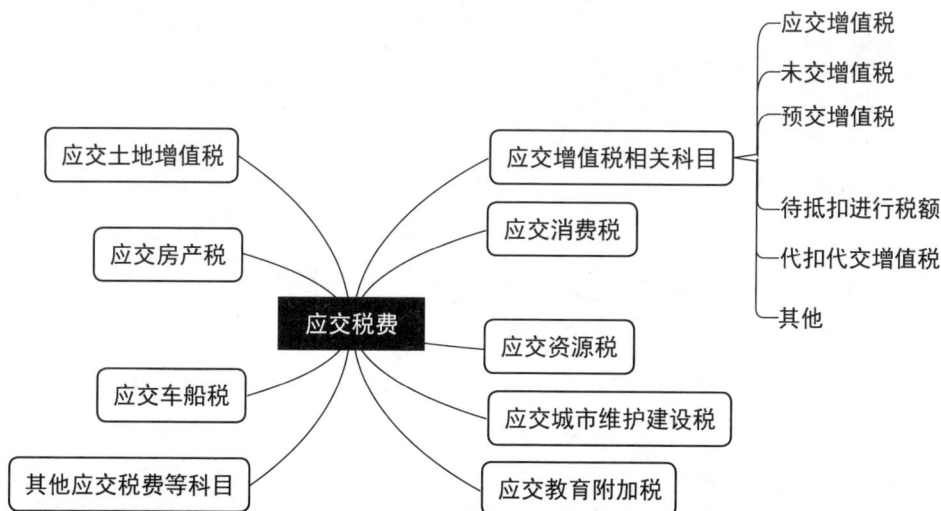

- 应交税费
  - 应交增值税相关科目
    - 应交增值税
    - 未交增值税
    - 预交增值税
    - 待抵扣进行税额
    - 代扣代交增值税
    - 其他
  - 应交消费税
  - 应交资源税
  - 应交城市维护建设税
  - 应交教育附加税
  - 其他应交税费等科目
  - 应交车船税
  - 应交房产税
  - 应交土地增值税

实战案例

西西谷公司为增值税一般纳税人，2020年1月销售基本税率货物，实现不含税销售收入20万元，增值税税额2.6万元，全部款项以银行存款收讫。当期购入该批货物时，取得增值税专用发票并认证抵扣，发票注明价款10万元，增值税税额1.3万元，全部款项以银行存款支付。假设不考虑其他因素。西西谷公司财务人员编制会计分录如下：

购进货物时：

借：库存商品	100000
应交税费——应交增值税（进项税额）	13000
贷：银行存款	113000

销售货物时：

借：银行存款	226000
贷：主营业务收入	200000
应交税费——应交增值税（销项税额）	26000

西西谷公司本期需要缴纳的增值税 = 26000 － 13000 = 13000（元）

2020年1月31日资产负债表日，应交增值税的贷方余额也为13000元。

2020年2月实际缴纳税款时：

| 借：应交税费——应交增值税（已交税金） | 13000 |
| 贷：银行存款 | 13000 |

此时，应交增值税的借方计入13000元，应交增值税余额为0，西西谷公司也没有待缴纳的增值税款。

应交税费科目是资产负债表中负债类的项目，该金额反映的是企业在资产负债表日，应该缴纳却尚未缴纳的税款，一般情况下是当期税款。因为税务征收管理制度规定，在纳税当期预提，下期申报时缴纳，所以形成了应交税费科目经营负债。

应交税费科目是负债类科目，增加登记在贷方，减少登记在借方。应交税费具体核算的税种包括增值税、消费税、企业所得税等。在应交税费科目下设置明细科目，例如"应交税费——应交企业所得税"，从明细账中体现每个税种应该缴纳尚未缴纳的税款。

对于增值税一般纳税人，在核算应交增值税时，和其他税种有所不同。增值税一般纳税人实现销售收入时，将销项税额记入二级科目应交增值税（销项税额）的贷方。增值税一般纳税人进行采购进货时，将可抵扣的进项税额记入二级科目应交增值税（进项税额）的借方。销项税额大于进项税额时，也就是说，应交增值税的余额在贷方，说明本期有待缴纳的增值税。销项税额小于进项税额时，应交增值税的余额在借方，说明本期不需要缴纳增值税，借方的余额为留抵税额，供下期抵扣。实际缴纳增值税时，将已经缴纳的税款记入二级科目应交增值税（已交税金）的借方。

对于小规模纳税人，不存在进项税额抵扣的情形，销售时需要缴纳的增值税也不能称为销项税额，只需要设置应交税费——应交增值税科目进行核算即可。

实战案例

东东枪文化公司属于小微企业，企业所得税按季度预缴，按年度进行汇算清缴。2020年第一季度，东东枪文化公司实现利润总额10万元，按照小微企业的优惠政策，东东枪文化公司应当预缴企业所得税5000元。

东东枪文化公司在2020年3月31日进行账务处理时，应当对5000元企业所得税进行预提，在账面上形成应交所得税。东东枪文化公司于2020年4月15日前，对企业所得税进行预缴申报并缴款，缴款完毕后应交所得税账面上没有余额。

小规模纳税人资产负债表上的应交税费一般都为正数，存在上期留抵税额的增值税一般纳税人，当留抵税额大于其他税种的应交税款，应交税费项目就会出现负数。

应交税费核算的其他税种在所属税期内计提，记入应交税费的贷方，反映欠缴的税款，在实际缴纳时记入应交税费的借方，科目余额为零。

税费的缴纳关系到企业的正常经营，只要是在中国境内进行生产销售的企业，都无法回避税款的缴纳。企业应当在税法规定的范围内进行纳税筹划，严禁以偷税、漏税等形式逃避税款，否则，一旦企业被税务机关稽查，企业经营不仅会受到影响，还会导致企业纳税信用的降低。

财务总监说

5.5.7　其他应付款

关键词：其他应付款

其他应付款： 指企业除了应付账款、应付利息、预收账款等其他负有支付义务的款项。

　　其他应付款是指企业除了应付账款、应付利息、预收账款等其他负有支付义务的款项。具体包括暂时收取的其他单位的款项、收取的个人的款项、收取的押金、存入的保证金和应付的租金等。其他应付款核算的业务一般与企业购销业务无关，但与企业的日常经营业务有关，是企业的一项经营负债。

　　东东枪文化公司老板在与其他企业洽谈业务时，曾对其他公司财务报表的其他应付款项目表示疑惑，在一般企业当中，其他应付款的规模并没有如此巨大。经过多方询问，原来该公司为了逃避税款，便将利润截留在该账户下，经过东东枪文化公司老板的劝阻，该公司最终决定重新调整公司的账务情况，将隐匿的利润重新列支在利润表当中。

　　其他应付款科目属于负债类科目，增加记入贷方，减少记入借方。其他应付款项目在资产负债表中流动负债下列示，反映企业在资产负债表日其他应付款项的金额。

实战案例

　　西西谷公司与2020年1月成立，2020年1月1日，西西谷公司租用一间写字楼供办公使用，租金按月支付，每月租金2000元。由于西西谷公司刚刚成立资金有限，经过协商，与房东达成于次月月底支付本月房租的协议。

2020 年 1 月 31 日，西西谷公司财务人员编制会计分录如下：

借：管理费用   2000

    贷：其他应付款——应付租金   2000

待次月月底以现金支付房租时：

借：其他应付款——应付租金   2000

    贷：库存现金   2000

D 公司将闲置的生产设备租给 A 公司使用，为了保证设备租用过程的安全性，向 A 公司收取押金 5000 元，以现金收讫，待租赁期满时返还。

D 公司财务人员编制会计分录如下：

借：库存现金   5000

    贷：其他应付款——押金   5000

租赁期满返还时：

借：其他应付款——押金   5000

    贷：库存现金   5000

由于其他应付款项目下核算的项目较多，企业的财务报表使用者在查看财务报表时，要结合其他应付款的明细账查看，才能准确地了解到其他应付款形成的原因。

财务总监说

其他应付款账户核算的项目复杂，极易作为企业隐匿收入、隐匿行贿记录的工具，税务机关常常将其作为纳税检查的一个重要项目。企业应当注意对该账户的合法使用，严禁将其当作偷税漏税、贪污受贿的工具。

5.5.8 长期借款

前面介绍过，短期借款是借款期限小于一年的借款，供企业日常资金周转使用。借款期限超过一年的借款，通过长期借款核算。

与短期借款的用途不同，长期借款通常用于扩大生产经营、投资某个经营项目的资金使用，具有长期性。我们都知道，借款时间越长，借款利息越高，长期借款的借款成本远远大于短期借款，它的优势在于可以长期使用，不用在短期内偿还，而且长期借款的利息可以在税前扣除，为企业节约税款增加股东利润。由于长期借款的成本高，只有少数从事特定项目的小企业才会涉及，一般的小企业通过短期借款维持稳定的现金流已经足够。

东东枪文化公司最近因为资金周转问题，老板决定从其他公司借入一笔长期借款，以缓解本公司的资金周转压力。在财务人员的核算下，老板意识到了长期借款利息成本的高昂，综合多方面考虑，最终放弃借入长期借款，改用短期借款暂时缓解资金压力。

企业通过长期借款项目来核算各项长期借款的借入、计息、偿还的情况。长期借款科目属于负债类科目，贷方登记长期借款的借入和计息，借方登记长期借款的偿还。长期借款项目在资产负债表中非流动负债下列示，反映企业在资产负债表日需要偿还的长期借款的本金和利息。

长期借款和短期借款账户核算方式不同，短期借款只核算借款的本金，而长期借款账户除了本金之外，还包括预计的应计利息。

优点	缺点
筹资迅速	筹资风险大
借款弹性大	使用限制多
成本低	筹资数量有限
发挥财务杠杆作用	
易于企业保守财务秘密	

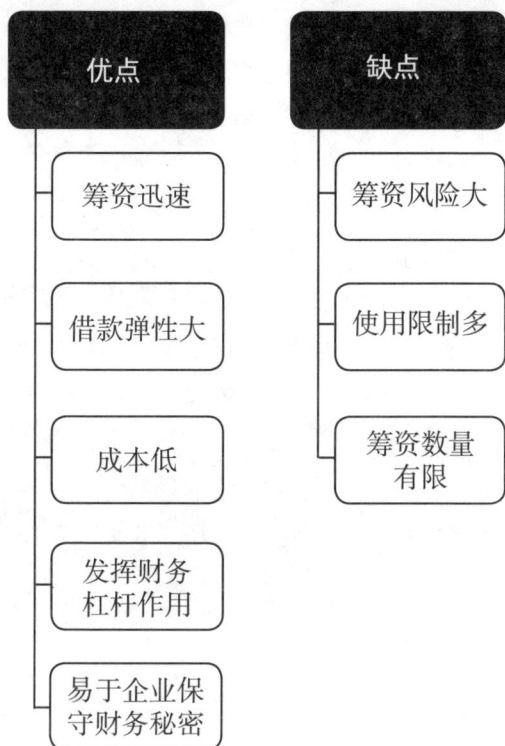

长期借款的利息费用有着不同的处理方法，用于特定资产的购置、建造、生产的借款费用计入相应的资产成本，这种特定资产指的是需要通过长时期建造的，借款的利息费用可以进行明确划分的。对于不符合上述条件的借款利息费用，应当计入当期损益。

长期借款的借款期限比短期长，一般情况下，它的利率也会高于短期借款。企业在借入长期借款时，可以选择固定利率或者浮动利率。选择固定利率支付利息，可以在借款期内保持一个不变的利息支付水平，浮动利率则要根据国家市场利率的变化，随时进行利率的调整，从而影响借款期内每期支付的利息。选择固定利率还是浮动利率，取决于企业对市场利率的合理预测。企业预测未来几年市场利率会上升，那么应当选择固定利率，在后续利率上升时，仍然可以支付较低的利息。企业预测未来几年市场利率下降，那么应当选择浮动利率，在后续利率下降时，可以按照现行较低的利率支付利息，而不会一直按照借款时较高的利率支付利息。

企业在进行长期借款时，除了要支付利息，还需要支付一些其他费用，这部分费用也是长期借款成本的一部分。提供借款的金融机构在评估借款企业时，会考虑企业的经营业务是否符合国家政策规定，企业的借款用途是否在金融机构贷款用途的范围内，是否存在资产抵押或者第三方担保。金融机构会对借款企业的情况进行评估，决定给予借款企业多少额度的借款和适用利率。

财务总监说

同短期借款相似，长期借款也可以避免公司的股权被稀释，但是相对于短期借款，长期借款的利息成本更高，利息偿还的期限更长，其更容易造成企业的财务风险。对于 10 人以下小企业而言，初创期和成长期时，不建议企业过多持有长期借款，等到企业发展得较为成熟时，企业才应当适当增加长期借款在企业财务结构中的比重。

5.6 所有者权益

5.6.1 实收资本

◇◇

关键词：实收资本

实收资本：指企业实际收到的投资人投入的资本。

> 张某、李某、陈某三人商议合伙成立甲公司，张某和李某分别出资 5 万元，陈某出资 10 万元。甲公司成立后，张某、李某、陈某都为甲公司股东，张某和李某分别持有甲公司 25% 的股份，陈某持有甲公司 50% 的股份。

案例中三个股东的出资金额通过实收资本科目核算。实收资本是用来核算投资者投入资本的增减变动情况，属于所有者权益类科目，在资产负债表中所有者权益下列示。实收资本科目的贷方登记实收资本的增加，借方登记实收资本的减少，期末余额在贷方，反映企业期末时实收资本的数额。

借方	实收资本	贷方
本期减少额 ××× …		期初余额 ××× 本期增加额 ××× …
本期借方发生额合计 ×××		本期贷方发生额合计 ××× 期末余额 ×××

实收资本并不等同于注册资本，注册资本是新公司成立之时，在公司章程中明确的由股东认缴的出资额。注册资本需要与公司的经营规模相匹配，有限责任公司的注册资本也是各股东承担法律责任的最高限额。

> 西西谷公司的股东王某一直搞不懂公司财务报表当中的实收资本项目与注册资本的关系，有一天，他亲自前往会计科向公司的财务人员请教，听了财务人员的解答，王某终于分清了二者的区别。

简单来说，以前我国对于新公司成立是需要验资的，这需要股东按照章程约定的注册资本，将出资额存入公司账户，并由会计师事务所出具验资报告。但在现行条件下，我国新公司成立则不需要验资，认缴的出资额为注册资本，实缴的出资额为实收资本。在公司成立之初，股东不需要将全部注册资金存入公司账户，只要在公司经营期限内存入即可。

所谓认缴资本，就是企业股东自认对企业债务承担多少的金额，例如一家认缴资本是 100 万的企业，即便实收资本是 10 万元，但当发生债务时，企业股东除了账户中的 10 万元之外，还需要至少承担 90 万元的金额。

在现实的操作中，企业股东投入的资本不一定都是现金、银行存款等货币形式的，还可以以固定资产、无形资产等形式的资产进行出资。对于这些非货币资产，我国法律也有相关规定：

股东以房屋、设备、原材料等实物资产进行投资的，应当提供产权证明或进行实物清点，以实物资产的公允价值计入实收资本。实物的公允价值大于该股东在公司所占份额的，应计入资本公积。

实战案例

李某以机器设备向甲公司出资，甲公司原有两位股东刘某和赵某，刘某占股份 50%，赵某占股份 50%，甲公司注册资本 100 万元，股东均已实缴出资。李某与刘某、赵某协商后决定，以设备出资后李某占股份 20%，刘某和赵某各占 40%，李某投入的固定资产公允价值 40 万元。

李某出资后，甲公司的注册资本 = 100 + 40 = 140（万元）。

李某所占 20% 股份对应的份额 = 140×20% = 28（万元）。

计入资本公积的溢价 = 40 - 28 = 12（万元）。

甲公司财务人员编制如下会计分录：

借：固定资产 400000

贷：实收资本 280000

资本公积 120000

10人以下小企业的股东人数较少，资本的结构较为固定。但是在发生增资或者减资时，企业的资本结构也有可能发生变化，这种变化一般表现为股东持股比例的变化，对于股东而言，应当关注企业股东出资金额的变化，防止因股权比例的变动影响自己在公司的话语权和控制权。

5.6.2 资本公积和盈余公积

关键词：资本公积　盈余公积

资本公积：指企业接受、投资者投入的投资金额超过法定资本的部分、资产重新评估增值的，归属于投资者与经营收益无关的资本。

盈余公积：企业从税后净利润中提取的资本积累。

　　资本公积是指企业接受、投资者投入的投资金额超过法定资本的部分、资产重新评估增值的，归属于投资者与经营收益无关的资本。资本公积是所有者权益科目，增加记入贷方，减少记入借方。资本公积是资产负债表项目，在资产负债表中所有者权益下列示，反映企业在资产负债表日的资本公积数额。

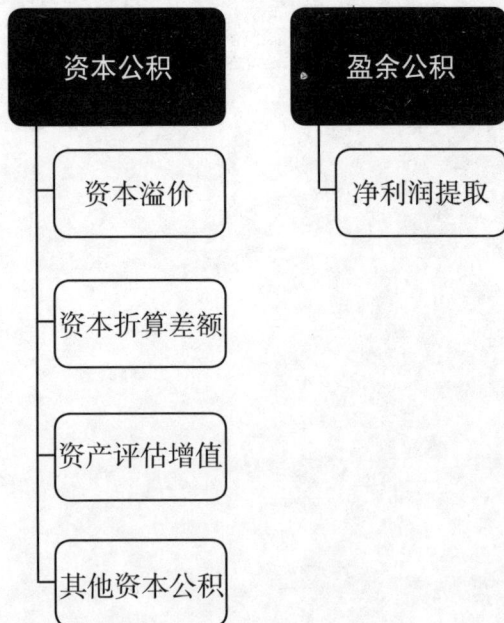

```
┌──────────────┐        ┌──────────────┐
│   资本公积   │        │   盈余公积   │
└──────────────┘        └──────────────┘
       │                        │
┌──────────────┐        ┌──────────────┐
│   资本溢价   │        │   净利润提取  │
└──────────────┘        └──────────────┘
       │
┌──────────────┐
│  资本折算差额 │
└──────────────┘
       │
┌──────────────┐
│  资产评估增值 │
└──────────────┘
       │
┌──────────────┐
│  其他资本公积 │
└──────────────┘
```

西西谷公司新增股东向西西谷公司投入了一条生产线作为入资款，该生产线的实际成本为 50 万元，市场价值为 100 万元，西西谷公司的会计人员在进行会计核算时，将 50 万元记作了实收资本，溢价的 50 万元记作了资本公积。

　　资本公积具体包括资本溢价、其他资本公积、资产评估增值、资本折算差额，小企业的业务中经常涉及资本溢价。

　　资本溢价是企业投资者投入的资金超过其在注册资本中所占份额的部分。例如，某个投资者投入 50 万元到某企业占股份 30%，该企业注册资本为 150 万元，30% 的份额为 45 万元，那么差额 5 万元便是资本溢价。

　　企业的资本公积是所有者权益的一部分，它的主要用途是转增资本，即将资本公积转入实收资本。资本公积转增资本，是所有者权益内部的一增一减，并不影响所有者权益的总额，但是提高企业的实收资本，可以改变企业的资本结构，体现企业的稳定性。

　　盈余公积是企业从税后净利润中提取的资本积累，具有特定用途。盈余公积包括法定盈余公积和任意盈余公积。公司法规定公司按照税后利润的 10% 提取法定盈余公积，当法定盈余公积累计额已达到注册资本的 50% 时可以不再提取。

　　资本公积和盈余公积是企业所有者权益的组成部分，盈余公积可以用于弥补企业的以前年度亏损、扩大生产经营、转增股本等用途，资本公积则主要是用于转增股本、弥补亏损，两者的增减变动会影响企业资本结构。

财务总监说

5.6.3 未分配利润

未分配利润和盈余公积属于企业的留存收益。留存收益，顾名思义是指企业还没有分配的并留存在以后年度分配的利润。

未分配利润属于所有者权益科目，增加记入贷方，减少记入借方。在资产负债表中所有者权益下列示，反映企业在资产负债表日的未分配利润。利润表上的净利润是一个时期数，资产负债表上的未分配利润是一个累计数，反映的是企业从营业之初到当期资产负债表日，留存在企业内部的没有对外分配的利润，正数代表企业的累计盈利金额，负数代表企业的累计亏损金额。

东东枪文化公司的老板一直不明白公司财务报表上的未分配利润的含义和最终数额的得出，经过询问会计人员，他终于明白了未分配利润的含义和计算过程。

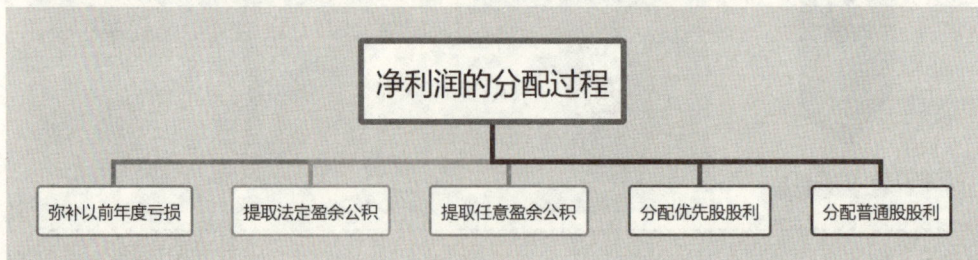

```
                    净利润的分配过程

弥补以前年度亏损   提取法定盈余公积   提取任意盈余公积   分配优先股股利   分配普通股股利
```

利润表上的利润总额项目，为企业当年实现的利润。利润总额是企业所得税税前项目，企业的利润总额应当优先弥补企业以前年度的亏损，以弥补完以前年度亏损的利润总额，计算应缴纳企业所得税，利润总额扣除应缴纳的企业所得税之后，余额为净利润。以净利润为基数，提取法定盈余公积和一定比例的任意盈余公积，提取盈余公积后的余额为企业可以用来分配的利润。企业可供分配的利润不仅包括当年实现的净利润，还包括以前年度实现的未分配利润。

实战案例

东东枪文化公司 2019 年 12 月 31 日，本年利润借方发生额 22 万元，贷方发生额 26 万元，期末余额在贷方 4 万元。结转本年利润时，编制会计分录如下：

借：本年利润　　　　　　　　　　　　　　40000

　　贷：利润分配——未分配利润　　　　　　40000

2019 年年初未分配利润为 0，东东枪文化公司按照 10% 提取法定盈余公积，按照 5% 提取任意盈余公积，提取盈余公积＝40000×10%＝4000（元），提取任意盈余公积＝40000×5%＝2000（元）。

编制会计分录如下：

借：利润分配——未分配利润　　　　　　　6000

　　贷：盈余公积　　　　　　　　　　　　6000

企业应该根据日常经营需要和投资者的要求，选择是否进行利润分配。企业在开业初期，可能需要较多的资金拓展业务，倾向于选择少分配利润或不分配利润，多留存在企业使用。企业在稳定经营时，倾向于选择稳定分配利润，并根据企业经营情况选择适合自身发展的负债比率和留存比率。

财务总监说

未分配利润的增加一般意味着本年利润的增加，意味着企业盈利能力的增加。但是企业的未分配利润并非越高越好，未分配利润长期挂账不分配，从另一个角度可以看作企业应收账款等非现金资产的规模较大，此时企业可能存在资金周转风险和坏账风险。

5.7 财务报表分析解读

5.7.1 资产负债表

关键词：资产负债表

资产负债表：资产负债表又称财务状况表，是表示企业在一定会计时点上财务状况的会计报表。

东东枪文化公司的老板之前并不重视企业资产负债表的分析，经过财务人员与其他合作单位老板的提示，老板开始重视资产负债表，通过报表数据的管理分析，他能够从报表中得知本企业的资本结构、负债情况、营运现状等情况，并依据这些数据基础作出相应决策。

企业的管理层和营销人员，都应当了解本企业的财务情况。尤其是在小企业，由于经营业务少，从业人员少，经常会出现身兼数职的情况。小企业老板可能既是总经理又是营销总监，需要制定公司发展战略，了解公司的财务风险、业务增长情况、投资回报率等，熟悉公司财务情况能够使得各岗位的员工顺利开展工作。

财务报表是公司财务情况的体现，资产负债表反映企业的财务状况，利润表反映企业的经营成果，现金流量表反映企业的现金流量情况。对于不熟悉会计语言的工作人员来说，财务报表是一堆看不懂的数字，不清楚财务报表中的每一个项目指的是什么，更不能从报表中看出企业的财务现状和潜在的财务风险。

解读财务报表并进行财务分析，就是将财务报表中的看不懂的数字变成看得懂的文字。财务报表根据所属期不同，分为中期财务报表和年度财务报表，在企业的经营期限内具有连续性。

分析解读财务报表，有利于企业管理者对以往的经营业绩进行评价，通过数据对比可以合理地对当期业绩进行评价，从而进行财务预测，制定符合企业目标的发展计划，并通过分析下期财务数据，了解目标的完成情况。

对于企业的股东来说，通过对财务报表的分析解读，能够得出投入资本的回报情况，了解企业当期业绩增长和盈利情况，从而预测企业的发展前景，决定是否增资、减资，协助管理者制定企业的发展战略。

对于企业的债权人来说，通过对企业财务报表的分析解读，可以了解企业的资产情况、负债情况、盈利情况，从而正确评估企业的偿债能力，决定是否为企业提供贷款或其他担保事项。

资产负债表是时点性的报表。什么是时点性？也就是说，资产负债表上的数据是在资产负债表报告日期那个时间点的数据。例如某企业 2019 年 12 月 31 日的资产负债表中货币资金项目金额为 20 万元，说明该企业在 2019 年 12 月 31 日当天拥有货币资金为 20 万元，这 20 万元不是 2019 年 12 月 30 日的金额，也不是 2020 年 1 月 1 日的金额。时点性的报表数据反映企业此时此刻拥有什么，是存量的体现，反映企业拥有多少资产、多少负债、多少所有者权益。

资产负债表的核心为会计恒等式：资产＝负债＋所有者权益。资产项目在资产负债表的左边，负债和所有者权益在资产负债表的右边，左右两端金额相等。

资产项目按照资产的流动性由高到低自上而下排列，反映企业的资金占用情况。企业的资金通过所有者投资和外部借债来取得，所有者投资为所有者权益，外部借债为负债。负债和所有者权益提供的全部资金用来购买企业的资产，负债与所有者权益的比例关系为资本结构。通过计算企业的资本结构，能够知道企业的资产中多少比例是由负债提供的，多少比例是由所有者权益提供的。

小企业在进行资产负债表分析解读时，资产类主要关注货币资金、存货、固定资产、无形资产、应收和预付款项。前面小节已经详细地介绍过这几个项目的含义、具体核算范围以及金额形成原因。

货币资金是企业流动性最强的资产，在评价企业短期偿债能力的时候，是重点关注的项目。企业对存货的构成进行划分，从事生产销售的小企业，可以将存货划分为原材料、库存商品、低值易耗品、产成品、在产品等项目。计算存货的周转率，评价存货的管理业绩和变现能力。企业对应收账款进行账龄分析，评估欠款单位的还款能力，资产负债表上的应收账款为扣除坏账准备的金额，企业还应当评估坏账准备的计提是否合理。固定资产和无形资产需要分析固定资产是否能为企业带来利益，现行带来利益的方式是否和折旧和摊销方式相匹配，是否存在减值情况。

负债项目按照负债的到期日由近到远自上而下排列，负债类项目主要关注短期借款、应付和预收账款、应付职工薪酬、应交税费、长期借款等项目。短期借款和长期借款属于金融类负债，是企业筹集资金形成的，对其分析的结果反映企业的财务风险。企业应当根据短期借款和长期借款的还款日，安排资金筹措，确保能够及时偿还借款。应付账款、预收账款、应付职工薪酬、应交税费属于企业经营负债，是日常经营自然形成的，分析结果反映企业的经营风险。预收账款过大，说明企业在未来需要偿付较多存货，企业应该评估自身的生产能力以及外购存货的能力。

所有者权益项目主要关注实收资本和未分配利润，未分配利润是企业在资产负债表日尚未分配的利润。企业应当根据自身的目标资本结构，即企业可以承受多少负债、支付多少利息，分析需要通过负债和使用留存收益供经营使用的比例。

资产负债表样表如下：

资产负债表

纳税人识别号：　　　　　　　　　纳税人名称：

填报日期：　　　所属时期：　　年　月　日至　年　月　日　　单位：元（列至角分）

资产	行次	期末余额	年初余额	负债和所有者权益	行次	期末余额	年初余额
流动资产：				流动负债：			
货币资金	1	0.00	0.00	短期借款	31	0.00	0.00
短期投资	2	0.00	0.00	应付票据	32	0.00	0.00
应收票据	3	0.00	0.00	应收账款	33	0.00	0.00
应收账款	4	0.00	0.00	预付账款	34	0.00	0.00
预付账款	5	0.00	0.00	应付职工薪酬	35	0.00	0.00
应收股利	6	0.00	0.00	应交税费	36	0.00	0.00
应收利息	7	0.00	0.00	应付利息	37	0.00	0.00
其他应收款	8	0.00	0.00	应付利润	38	0.00	0.00
存货	9	0.00	0.00	其他应收款	39	0.00	0.00
其中：原材料	10	0.00	0.00	其他流动负债	40	0.00	0.00
在产品	11	0.00	0.00	流动负债合计	41	0.00	0.00
库存商品	12	0.00	0.00	非流动负债：			
周转材料	13	0.00	0.00	长期借款	42	0.00	0.00
其他流动资产	14	0.00	0.00	长期应付款	43	0.00	0.00
流动资产合计	15	0.00	0.00	递延收益	44	0.00	0.00
非流动资产：				其他非流动负债	45	0.00	0.00
长期债券投资	16	0.00	0.00	非流动负债合计	46	0.00	0.00

资产	行次	期末余额	年初余额	负债和所有者权益	行次	期末余额	年初余额
长期股权投资	17	0.00	0.00	负债合计	47	0.00	0.00
固定资产原价	18	0.00	0.00				
减：累计折旧	19	0.00	0.00				
固定资产账面价值	20	0.00	0.00				
在建工程	21	0.00	0.00				
工程物资	22	0.00	0.00				
固定资产清理	23	0.00	0.00				
生产性生物资产	24	0.00	0.00	所有者权益（或股东权益）			
无形资产	25	0.00	0.00	实收资本（或股本）	48	0.00	0.00
开发支出	26	0.00	0.00	资本公积	49	0.00	0.00
长期待摊费用	27	0.00	0.00	盈余公积	50	0.00	0.00
其他非流动资产	28	0.00	0.00	未分配利润	51	0.00	0.00
非流动资产合计	29	0.00	0.00	所有者权益（或股东权益）合计	52	0.00	0.00
资产总计	30	0.00	0.00	负债和所有者权益（或股东权益）总计	53	0.00	0.00

财务总监说

　　对于 10 人以下小企业而言，企业资产负债表分析同样十分重要。资产负债表中的数据在很大程度上能够反映企业的经营情况。利用企业资产负债表剖析企业的资产配置情况，合理提出战略优化方案，是企业经营的另一个核心。

5.7.2 利润表

关键词：利润表

利润表：利润表又称损益表，它是反映企业在一定会计期间内经营成果的会计报表。

利润表是时期性的财务报表，反映企业在一段时期内取得了多少收入、发生了多少成本，最终在这段时间内是盈利还是亏损。例如某企业提供的 2019 年的年度财务报表，其中资产负债表的日期为 2019 年 12 月 31 日，反映企业资产在资产负债表日的存量情况，而利润表提供的数据是 2019 年全年取得的各项收入、发生的各项费用支出，反映企业在 2019 年一整年的经营成果。

利润表主要关注的项目为营业收入、营业成本、税金及附加、管理费用、销售费用、营业外收入、营业外支出、所得税费用等项目。

1. 毛利

企业的毛利是企业销售产品的销售价与进货价的差价，例如，服装销售企业的毛利是服装的销售价减去服装进货价的差额，不考虑店面租金、销售人员工资等费用。

$$毛利＝收入－成本$$

企业的毛利涉及的项目为利润表中的营业收入和营业成本，收入的数据要结合企业的营业账簿来获取。

这里的"收入"指的是企业主营业务收入，而营业收入的金额包括主营业务收入和其他业务收入。营业收入是企业利润的来源，主营业务收入则是企业主营业务形成利润的来源，是企业盈利能力的体现。小企业在进行利润表分析时，应当根据每月的利润表，计算收入的增长率，从而评价企业业绩。对于经营季节性业务的企业，应当计算环比收入增长率，即与去年同期比较。

如果企业主营业务收入没有增长，而利润却增长了，这就说明企业本期增长的利润大多是由其他业务收入提供，其他业务收入来源并不稳定，因此，并不能说明企业盈利能力增长。主营业务收入没有增长而利润增长的情况，还有可能是企业的毛利率提高，不过一般情况下，同种产品在每个年度的毛利率变化不大。

评价收入时不仅要关注金额上的增长，也要关注收入的质量。如果企业为了提高收入而改变赊销的信用政策，放宽对赊销客户的条件，虽然收入提高了，但是企业应收账款的数额增大了，放宽政策后增加了应收账款不能收回的风险。企业应当计算应收账款周转率，并对赊销客户的信用情况进行评估。

如果企业经营多个品类的商品，还要对每个品类的商品进行分类，得到每个品类商品的销售收入。根据不同商品的毛利率情况，结合其他因素，可以帮助企业对是否继续经营某个品类的商品作出决策。

营业成本包括主营业务成本和其他业务成本，计算毛利的成本主要考虑主营业务成本。如果是外购后直接销售的，主营业务成本就是购进商品的成本。如果是工业企业生产的产品，主营业务成本为直接人工成本、直接材料成本和分配的制造费用。成本的数据也要采用按照产品的品类单独核算的成本，从而计算每个品类商品的毛利。

2. 毛利率

$$毛利率＝毛利 ÷ 收入$$

无论对于企业整体还是单独的某个产品品类来讲，毛利率都体现了该企业和该产品的竞争力。如果市场上某种产品稀缺，与相似产品相比有着独特的优势，那么这种产品可以采取高定价，从而毛利率就高。如果市场上的某种产品已经饱和，很多企业都生产和销售同类型的产品，竞争使得各方不得不降低价格，那么产品的毛利率就低，过低毛利率的产品不具备竞争优势。

西西谷公司的最新利润表分析显示，企业的毛利率很高，但是企业的最终利润却不高，经过数据分析，西西谷公司最终发现，企业利润的降低与企业的营业外支出有很大关系。该年度企业发生了一大笔诉讼费用，从而导致了企业利润的减少。如果西西谷公司不进行利润表数据分析，企业便不知道利润降低的根本原因，若企业将错误的原因归咎于企业产品品质与生产成本，调整产品的生产，便有可能影响企业的正常经营。

3. 权益净利率

前面介绍盈利能力的分析时，已经介绍过权益净利率。权益净利率的计算，需要结合资产负债表和利润表来得出数据。

权益净利率＝（净利润÷股东权益）×100%

通俗来讲，权益净利率就是股东投入资金之后能赚来多少钱。如果企业的权益净利率为10%，说明股东投入100万元时，可以赚来10万元钱。

权益净利率是企业核心能力的体现，它包含了企业经营的所有影响因素。毛利为营业收入与营业成本的差额，毛利减去期间费用等项目得到营业利润。营业利润加上或减去营业外因素的影响，得到利润总额。利润总额减去所得税费用之后，得到企业的净利润。净利润是企业收入这一利润来源减除所有因素形成的支出之后得到的利润。包含了稳定经营的成本费用，也包含了偶然因素形成的利得和损失。

利润表样表如下：

利润表

纳税人识别号：	×××	税款所属期：×年×月×日至×年×月×日		会企02表
编制单位：××× 有限公司		填表日期：×年×月×日		单位：元
项目	行次	本年累计金额		本期金额
一、营业收入	1	0.00		0.00
减：营业成本	2	0.00		0.00
税金及附加	3	0.00		0.00
其中：消费税	4	0.00		0.00
城市维护建设税	5	0.00		0.00
资源税	6	0.00		0.00
土地增值税	7	0.00		0.00
城镇土地使用税、房产税、车船税、印花税	8	0.00		0.00
教育费附加、矿产资源补偿费、排污费	9	0.00		0.00
销售费用	10	0.00		0.00
其中：商品维修费	11	0.00		0.00
广告费和业务宣传费	12	0.00		0.00
管理费用	13	0.00		0.00
其中：开办费	14	0.00		0.00
业务招待费	15	0.00		0.00
研究费用	16	0.00		0.00
财务费用	17	0.00		0.00

| 纳税人识别号： | ××× | 税款所属期：×年×月×日至×年×月×日 | | 会企02表 |
| 编制单位： | ×××有限公司 | 填表日期：×年×月×日 | | 单位：元 |
项目		行次	本年累计金额	本期金额
其中：利息费用（收入以"–"号填列）		18	0.00	0.00
加：投资收益（损失以"–"号填列）		19	0.00	0.00
二、营业利润（亏损以"–"号填列）		20	0.00	0.00
加：营业外收入		21	0.00	0.00
其中：政府补助		22	0.00	0.00
减：营业外支出		23	0.00	0.00
其中：坏账损失		24	0.00	0.00
无法收回的长期债券投资损失		25	0.00	0.00
无法收回的长期股权投资损失		26	0.00	0.00
自然灾害等不可抗力因素造成的损失		27	0.00	0.00
税收滞纳金		28	0.00	0.00
三、利润总额（亏损总额以"–"号填列）		29	0.00	0.00
减：所得税费用		30	0.00	0.00
四、净利润（净亏损以"–"号填列）		31	0.00	0.00

财务总监说

利润表是企业整个会计期间经营成果的展现。对于企业而言，利润表中的各项数据反映企业的盈利状况、成本、利润等，通过对利润表的分析，企业可以针对本期获利能力的影响因素作出相应的决策，合理确定管理政策和研发政策。

第 6 章

最省钱的小企业科学纳税方案

6.1　用纳税筹划的方式省钱

6.1.1　筹划得当，企业所得税也可以少交

关键词：企业所得税筹划

企业所得税筹划：企业所得税的筹划是指企业通过合理的方法和手段，在不违背税法规定的前提下，对企业经营业务、成本管理、投资理财等事项进行预先安排和筹划，以达到企业所得税税负最小化。

　　西西谷公司的老板为了减少企业的所得税税款，向会计小王提出了少计收入、多计成本的节税方法。这一做法遭到了会计小王的严词拒绝，小王对老板说："在当前金税三期的税务控制下，如果我们通过这种方法进行纳税筹划，很容易被税务部门核查，以合理的方法进行纳税筹划，才是企业生产经营的正规途径。"随后，小王又向老板科普了诸多企业所得税的节税方法，老板终于放弃了少计收入，多计成本的"笨办法"。

　　企业所得税是以企业的收入减去成本费用后的利润总额为计税依据进行征税的。税法对不同项目的成本费用的扣除有不同标准，对企业所得税进行税务筹划时，可以从多个方面进行。

1. 亏损弥补

　　我国税法规定："企业某一纳税年度发生的亏损可以用下一年度的所得弥补，下一年度的所得不足以弥补的，可以逐年延续弥补，但最长不得超过 5 年。自 2018 年 1 月 1 日起，当年具备高新技术企业或科技型中小企业资格的企业，其具备资格年度之前 5 个年度发生的尚未弥补完的亏损，准予结转以后年度弥补，最长结转限由 5 年延长至 10 年。"

企业要对弥补亏损的年份进行预先安排筹划，尽量使得盈利年份在可以弥补亏损的范围内，同时，也要考虑自身是否符合高新技术企业或科技型中小企业的资格条件，这两种类型的企业可以弥补10年的亏损。

2. 固定资产加速折旧

我国税法规定："企业在2018年1月1日至2020年12月31日期间新购进的设备、器具，单位价值不超过500万元的，允许一次性计入当期成本费用在计算应纳税所得额时扣除，不再分年度计算折旧；单位价值超过500万元的，仍按原规定执行。"。

单位价值不超过500万元的固定资产可以加速折旧，这对小企业来说无疑是非常大的福利。加速折旧的费用可以在当年进行税前扣除，减少当年的应纳税所得额。如果发生折旧当年亏损，还可以在以后年限进行亏损弥补，同样减少以后年度的应纳税所得额，从而少缴企业所得税。

固定资产无论是采用年限平均法还是加速折旧法（年数总和法、双倍余额递减法等），计提折旧的总金额是不变的，改变的只是计提折旧的时间。在小企业成立初期，经营业务不稳定，可能会面临收入少、支出多，现金流不足。

实战案例

C企业为2018年新成立的公司，从事机电设备的销售，2018年C企业亏损2万元，不需要缴纳企业所得税。2019年C企业预计实现盈利22万元，由于业务需要，C企业计划在2020年购置一台货车，预计花费30万元，购置货车后便可由企业自行安排送货以节约成本。

如果C企业在2020年购置货车，2019年按照预计盈利，在享受小微企业税收优惠的前提下，需要缴纳企业所得税＝20×25%×20%＝1（万元）。如果C企业将购置货车计划提前至2019年购买，将购置货车的花费30万元一次性进行加速折旧，2019年的预计盈利22万元将转为亏损10万元。2019年的亏损，可以由2020至2024这五年的盈利来弥补。

加速折旧并不能减免企业缴纳企业所得税的义务，可以将企业所得税的纳税义务延迟。对于初创小企业，在前期经营需要大量资金时，应当尽可能地节约成本，将节约的资金用在生产经营上，才能为企业带来良好的发展前景。

加速折旧政策2020年12月31日截止，有固定资产购置计划的企业，可以将固定资产购置提前至 2020 年 12 月 31 日之前进行。

3. 固定资产修理

固定资产的日常修理费用计入当期费用，在当期直接扣除。固定资产修理程度较大的，符合固定资产大修理支出条件的，计入长期待摊费用，在固定资产使用年限内摊销。

固定资产大修理支出，必须同时符合下列条件：

（1）修理支出达到取得固定资产时的计税基础 50% 以上；

（2）修理后固定资产的使用年限延长 2 年以上。

修理费用计入当期损益或者作为长期待摊费用在以后期间摊销，并不改变企业所得税的实际纳税义务。在当期扣除固定资产修理费用，可以使纳税义务延迟。对于小企业来说，延迟纳税可以节省资金用于生产和拓展业务，对生产经营是非常有利的。

小企业预计发生的固定资产修理费用，将会达到大修理支出标准时，可以将固定资产修理分成多次进行。这样每次固定资产修理都达不到大修理支出，发生的费用可以在当期扣除，减少当期的应纳税所得额，少缴纳企业所得税。

财务总监说

对于 10 人以下小企业而言，企业所得税税款的支出是企业税款支出的一大组成部分。为了减少成本，企业会选择各种方式减少企业所得税税款，但是，在采取节税措施时，企业一定要注意节税方法的选择，若企业使用违反法律法规的规定进行纳税筹划，最终不仅不会减少企业成本，还会造成额外的滞纳金支出。

6.1.2 企业捐赠的最佳方式

关键词：捐赠

捐赠：指企业将自有的现金、存货、材料等物资无偿捐献给其他组织或个人的行为。

东东枪文化公司的老板想要捐赠一批物资给山区的孩子，以提高企业的知名度，树立良好的企业形象。会计小刘对于老板的想法很支持，为了实现捐献物资的效益最大化，他建议老板将物资捐赠给公益性事业团体，以减少企业所得税的缴纳。小刘提出这一建议的原因是为什么呢？

企业取得盈利后，对外捐赠是一项善举，能够帮助受灾地区、贫困人民和需要帮助的残疾人，又能促进我国教育、科学、文化、环保等事业蓬勃发展。企业进行捐赠的支出，并不都是可以在企业所得税税前扣除的，如果捐赠的方式不恰当，企业虽然减少了自身的利润，为国家作出贡献，却仍须按照捐赠之前的利润额缴纳企业所得税。那么，什么才是最佳的捐赠方式呢？让我们从我国法律规定中寻找答案。

我国《企业所得税法》规定："企业发生的公益性捐赠支出，在年度利润总额12%以内的部分，准予在计算应纳税所得额时扣除。"

我国《企业所得税法实施条例》中规定："公益性捐赠，是指企业通过公益性社会团体或者县级以上人民政府及其部门，用于《中华人民共和国公益事业捐赠法》规定的公益事业的捐赠。"。

同时，我国《企业所得税法实施条例》还明确了公益性社会团体的定义，具体规定如下：

公益性社会团体，是指同时符合下列条件的基金会、慈善组织等社会团体：

（一）依法登记，具有法人资格；

（二）以发展公益事业为宗旨，且不以营利为目的；

（三）全部资产及其增值为法人所有；

（四）收益和营运结余主要用于符合该法人设立目的的事业；

（五）终止后的剩余财产不归属任何个人或者营利组织；

（六）不经营与其设立目的无关的业务；

（七）有健全的财务会计制度；

（八）捐赠者不以任何形式参与社会团体财产的分配；

（九）国务院财政、税务主管部门会同国务院民政部门等登记管理部门规定的其他条件。

实战案例

R公司的张总在查看公司账目时，找到会计小李，问道："小李啊，我上次去养老院做义工，看到很多孤寡老人，无儿无女的，太可怜了，就以公司的名义捐了五万块钱，怎么这部分支出在计算企业所得税的时候还调整回来了？"小李回答道："张总，您进行的捐赠不符合我国税法对于捐赠支出的规定。"

张总道："怎么不符合规定啊，税法我也是了解一些的，我捐赠的5万块钱没超过咱们公司利润总额的12%啊，为什么不能扣除呢？"小李耐心地解释道："张总，您是只知其一不知其二，税法规定捐赠金额在年度利润总额12%以内可以扣除，这是没错的，但是您的捐赠方式不符合税法规定。税法允许扣除的捐赠支出，是通过公益性社会团体对公益事业进行的公益性支出，您是直接捐给养老院的，并没有通过任何公益性社会团体，所以不能够扣除。"

张总继续说道："那税法这么规定似乎不合情理啊，怎么我做好人好事的支出还不能税前扣除呢？"小李回答道："张总，您这么想，您是真的捐赠给养老院做好人好事了，如果税法没有这样的规定，会不会催生一些企业通过私自捐赠转移利润呢？"张总恍然大悟道："啊，听你这么说我就明白了，看来捐赠也要按照税法的规定，采用合适的捐赠方式。"

关于公益事业的定义，在《中华人民共和国公益事业捐赠法》中也有明确说明，具体规定如下：

（一）救助灾害、救济贫困、扶助残疾人等困难的社会群体和个人的活动；

（二）教育、科学、文化、卫生、体育事业；

（三）环境保护、社会公共设施建设；

（四）促进社会发展和进步的其他社会公共和福利事业。

通过以上法律规定和案例我们了解到，企业对外捐赠，通过公益性社会团体对公益事业进行的公益性捐赠才可以进行企业所得税的税前扣除。而且还不是没有上限的扣除，只有在年度利润总额 12% 以内的部分，才可以进行税前扣除。由此可以看出，国家鼓励盈利企业进行对外捐赠，但是要进行有限度的捐赠。企业用盈利的资金进行促进生产、拓展业务，才能使企业继续发展，进入良性循环。

财务总监说

　　对于 10 人以下小企业而言，公益捐赠是体现企业承担社会责任，改善企业形象的重要方式。如果企业捐赠的物品是自产货物，在无形之中，这项捐赠也能帮助企业扩大市场，最终实现利润上升。

6.1.3 兼营行为的企业如何进行纳税筹划

关键词：兼营

兼营：指企业兼营多种涉及增值税的业务，例如销售货物的同时又提供劳务、提供应税服务、销售无形资产或者转让不动产等行为。

全面"营改增"之后，兼营的概念也有了新的变化。所谓兼营，是指企业兼营多种涉及增值税的业务，例如销售货物的同时，又提供劳务、提供应税服务、销售无形资产或者转让不动产等行为。

> 西西谷公司最近向东东枪文化公司销售了一批货物，同时还为该公司提供了劳务服务，但是在结算时，西西谷公司会计并未分开结算，导致企业按照13%的税率同时缴纳了增值税。财务总监得知后，将兼营业务的相关政策重新向会计进行了科普。

说到兼营，就不得不说到容易与"兼营"混淆的"混合销售"这个概念。混合销售和兼营是两个完全不同的概念，税务处理方式也不同。混合销售是指一项销售行为既涉及销售货物，又涉及销售服务，例如销售家具的企业销售一张床同时提供送货服务。

混合销售概念中的关键是一项销售行为，而不是两项销售行为。在这一项销售行为中，销售货物和销售服务者两种行为具有内在的联系。销售家具的企业，是由于客户购买了家具才会提供送货服务，而不是无论客户从哪里购买的家具，都提供送货服务。

兼营概念中涉及的销售货物、提供劳务、销售服务，是指多项行为，而不是一项行为内在的因果联系。例如企业的经营范围不仅包括销售家具，还包括销售送货服务，不但本企业销售的家具可以送货，还为客户提供各种送货服务。

兼营涉及的增值税项目很多，不同的增值税项目可能适用于不同的税率、征收率或者免税、零税率等情形。兼营的企业应当分别核算不同税率或征收率的销售额，以分别核算的结果乘以适用的税率或征收率，计算缴纳增值税。

对于兼营的企业不能分开核算销售额的，我国税法规定如下：

"兼有不同税率的销售货物、加工修理修配劳务、服务、无形资产或者不动产，从高适用税率。兼有不同征收率的销售货物、加工修理修配劳务、服务、无形资产或者不动产，从高适用征收率。兼营免税、减税项目的，未分别核算的，不得免税、减税。"

实战案例

B 企业为增值税一般纳税人，B 企业的主营业务有销售农机整机，销售农机零配件，同时还提供修理农机的劳务。B 企业的修理农机劳务，并不仅针对本企业销售的农机，B 企业有一个专门维修农机的团队，可以针对不同类型的农机提供修理劳务。

2020 年 2 月，B 企业取得销售收入 1100 万元，当月可以抵扣的进项税额为 100 万元。

B 企业财务人员并没有将销售农机整机、销售农机零配件和修理劳务分开核算，而是将三种收入一并核算并计算缴纳增值税。

B 企业 2020 年 2 月的销项税额 = $1100 \times 13\% = 143$（万元）

B 企业 2020 年 2 月的进项税额 = 100（万元）

B 企业 2020 年 2 月应缴纳增值税 = $143 - 100 = 43$（万元）

B 企业将不同业务取得的收入分开核算。2020 年 2 月，B 企业销售农机整机 50 台，每台不含税价格 20 万元。销售农机零配件取得不含税收入 30 万元，修理农机取得不含税收入 70 万元。当月可以抵扣的进项税额为 100 万元。

B 企业 2020 年 2 月的销项税额 = $(50 \times 20) \times 9\% + 30 \times 13\% + 70 \times 13\% = 103$（万元）

B 企业 2020 年 2 月的进项税额 = 100（万元）

B 企业 2020 年 2 月应缴纳增值税 = $103 - 100 = 3$（万元）

案例中的 B 企业涉及三种税率不同的业务，销售农机整机适用于 9% 的税率，销售农机零件和修理劳务适用于 13% 的税率。由于 B 企业没有将各项业务取得的收入分别核算，所以只能适用于最高税率，也就是 13% 计算应纳税额。

根据上述两个案例的计算结果，可以看出，B 企业分开核算将节省 40 万元的增值税款。由此可见，将适用于不同税率、不同征收率、免税、零税率的业务分开核算，可以为企业节省税款。

对于与兼营容易混淆的混合销售，我国税法规定是以主营业务的使用税率进行计算缴纳增值税的。也就是说，企业发生的既涉及销售货物又涉及销售服务的行为，如果企业是以销售货物为主的，那么按照销售货物的适用税率计算缴纳增值税，如果企业是以销售服务为主的，那么按照销售服务的适用税率计算缴纳增值税。

我们以销售货物为主的企业为例，如果企业销售服务取得收入的比例虽不及销售货物，但是已经达到一个可观的金额，销售服务的适用税率比销售货物低。企业在进行税务筹划时，应当考虑将企业单一的业务变更为兼营，取得相关服务资质后，可以将原来的一项销售行为变成两项。例如，销售家具的企业并不免费提供送货服务，如果客户需要提供送货服务需要另行付费，同时，也可以为并未购买本企业家具的客户提供送货服务。这样就可以将混合销售的销售额分为两部分核算，可以节约低税率那部分的税款。

财务总监说

　　企业税款的节省应当从细节着手。就兼营业务而言，企业应当严格将不同业务分别核算，防止低税率货物或服务适用高税率算税。不要小看适用税率对于企业成本的影响，如果企业一直不分别核算兼营业务，企业的税款支出也会积少成多，最终给企业带来更多资金负担。

6.1.4　采用外汇结算时怎样做最合适

关键词：汇率

汇率：又称外汇利率，指一国货币与另一国货币的比率。

我国税法规定，消费税的纳税人销售的应税消费品，应当以人民币计算销售额。以人民币以外的货币结算销售额的，应当折合人民币计算。以人民币以外的货币结算销售额的，销售额的人民币折合率可以选择销售额发生的当天或者当月1日的人民币汇率中间价。纳税人应在事先确定采用何种折合率，确定后一年内不得变更。

当汇率波动幅度比较大时，当天汇率和当月1日的汇率可能存在较大的差额，对外汇进行税务筹划就非常有必要。在进行汇率的选择时，能够对未来的汇率变动趋势做出合理、准确的预测是是否能够节省税款的关键因素。

实战案例

上上签公司从事应税消费品的出口业务，2020年5月15日，取得200万美元的销售收入，该销售额不含增值税，适用消费税税率为15%。5月15日当天，美元与人民币的汇率为1美元＝7.1人民币，5月1日时，美元与人民币的汇率为1美元＝7.3人民币。

上上签公司咨询了专业金融机构，金融机构预测，预计未来很长一段时间，至少持续到2020年底，美元会持续贬值。对于如何选择汇率作为外币结算的折合率，上上签公司的财务人员给出两种方案。

第一种是选择当月1日的汇率作为折合率。

5月15日取得的销售额为200万美元，采用当月1日的折合率，折算成人民币销售额＝200×7.3＝1460（万元）。

应缴纳的消费税＝1460×15%＝219（万元）。

第二种是选择销售额发生当天的汇率作为折合率。

折算成人民币的销售额＝200×7.1＝1420（万元）。

应缴纳的消费税＝1420×15%＝213（万元）。

采用第二种方案，即销售额发生当天的汇率，可以帮助上上签公司节约税款6万元。

案例中还有一个假设前提，即预测未来一段时间汇率持续走低。也就是说，汇率的走势呈现出一条缓慢向下的趋势线。无论在哪个月发生的业务，只要不是在当月1日发生的销售额，无论发生在当月哪一天，可能都会比当月1日的汇率低，从而使得采用销售额发生当日汇率折算成人民币的销售额小于当月1日的销售额，相应的减少消费税的计税依据，达到少缴税款的目的。如果预测未来较长一段时间，汇率呈现上升趋势，那么就应该选择当月1日的汇率作为折合率。若汇率波动不明显，做出哪种选择的差异不大。在增值税的计算时，也有同样的规定。

财务总监说

拥有大量外汇业务的企业，应当重点关注市场汇率的变动。通常情况下，汇率的变动会随着股市、国家政策、黄金价格、通货膨胀等因素，企业应当保持对市场经济变动的灵敏嗅觉，在汇率可能发生变化的情况下，及时调整企业外汇资本结构，减少企业的汇兑损失。

6.1.5 企业怎么才能合理合法地少缴增值税

关键词：小规模纳税人 一般纳税人

小规模纳税人：指年销售额在规定标准以下，且会计核算不完整，不能按照规定报送相关税务资料的增值税纳税人。

一般纳税人：指年销售额超过小规模纳税人标准的增值税纳税人。

增值税是我国所有税种之中，征收范围最广、相关政策最多的一个税种。站在企业的角度，每个企业都是希望在不违反税法规定的前提下最大限度地少缴税款。想要实现合理合法地少缴增值税，就需要对涉及增值税的业务进行税务筹划，结合企业自身经营情况，充分地利用增值税的政策规定和税收优惠政策。

西西谷公司与东东枪文化公司同为增值税纳税人，但是西西谷公司为增值税一般纳税人，东东枪文化公司为增值税小规模纳税人。两家公司在选择纳税人身份时经过了严格的业务核算，为了节省税款开支，他们分别选择了适应自身的增值税纳税人身份。

纳税人身份选择

在我国，增值税的纳税人有增值税一般纳税人和小规模纳税人之分。两者的区别在于增值税一般纳税人可以抵扣进项税额，并采用税率计算销项税额，小规模纳税人不可以抵扣进项税额，采用比较低的征收率计算应缴纳的增值税。

2018年我国税务机关公布了一般纳税人和小规模划分标准的文件，具体规定如下：

"根据财税〔2018〕33号文件，自2018年5月1日起统一增值税小规模纳税人标准为500万元。根据国家税务总局公告2018年第18号文件，转登记日的下期起连续不超过12个月或者连续不超过4个季度的经营期内，转登记纳税人应税销售额超过财政部、国家税务总局规定的小规模纳税人标准的，应当按照《增值税一般纳税人登记管理办法》（国家税务总局令第43号）的有关规定，向主管税务机关办理一般纳税人登记。"。

没有达到500万标准的增值税小规模纳税人，财务制度和会计核算健全，并且能够提供准确税务资料的，可以自愿登记成为增值税一般纳税人。对于此类纳税人来说，需要结合企业自身的情况，判断登记为一般纳税人和小规模纳税人哪个可以少缴税。

实战案例

西西谷公司年不含税销售额为200万元，假设取得的与收入相匹配的不含税进项销售额为X万元。

如果西西谷公司登记为增值税一般纳税人，那么西西谷公司应缴纳的增值税＝ $200 \times 13\% - X \times 13\%$ 。

如果西西谷公司登记为增值税小规模纳税人，那么西西谷公司应缴纳的增值税＝ $200 \times 3\% = 6$ （万元）。

我们使两个等式相等，$200 \times 13\% - X \times 13\% = 6$，计算可得 $X \approx 153.85$ 万元。

西西谷公司的产品的增值额＝ $200 - 153.85 = 46.15$ （万元）。

以销售额计算的增值率＝ $46.15 \div 200 = 23.08\%$。

假设增值率为30%，西西谷公司为一般纳税人需要缴纳的增值税＝ $200 \times 30\% \times 13\% = 7.8$（万元）。

假设增值率为20%，西西谷公司为一般纳税人需要缴纳的增值税＝ $200 \times 20\% \times 13\% = 5.2$（万元）。

由此可见，当增值率大于23.08%时，登记为一般纳税人需要缴纳的增值税比登记为小规模纳税人需要缴纳的增值税额多。当增值率小于23.08%时，登记为一般纳税人需要缴纳的增值税少于小规模纳税人需要缴纳的增值税额。

对于没达到连续12个月（或4个季度）500万元销售额，又符合一般纳税人登记条件的企业，要计算其经营产品的平均增值率，根据增值率选择是否登记为增值税一般纳税人。

在考虑是否登记为增值税一般纳税人时，还应当考虑供应商和客户的情况。如果企业的供应商中，小规模纳税人占的比例较高，说明企业不能够就所有的进货取得增值税专用发票，那么，可以用来抵扣的进项税额就很少，应当登记为小规模纳税人。反之，应登记为增值税一般纳税人。如果企业的客户中，要求开具增值税专用发票的客户较多，那么企业应当登记为增值税一般纳税人。

财务总监说

对于 10 人以下小企业而言，增值税纳税人身份的选择也是企业开源节流的一项重要决策，企业应当依据自身情况合理确认纳税人身份，在未来需要变更时，企业应当提早准备，测算身份转换的结果。值得注意的是，在一个纳税年度内，纳税人只能进行一次纳税身份的转变，这就要求企业应当更加慎重地决定企业的纳税人身份。

6.1.6 消费税抵扣税款的税务筹划

关键词：连续生产应税消费品

连续生产应税消费品：指企业将外购或者委托加工的收回的应税消费品用于生产另一种应税消费品，被用于生产的消费品最终成为最终消费品的直接材料。

> 西西谷公司最近开辟了一条新的生产线，该生产线主要是以外购的高尔夫杆头加工生产高尔夫球杆，在高尔夫球杆生产完毕后，西西谷公司可以扣除以前购进高尔夫球杆杆头时缴纳的消费税，在计算高尔夫球杆消费税时予以抵扣。

前面已经介绍过，增值税的一般纳税人可以用取得的进项税额抵扣当期的销项税额。增值税的抵扣税款，发生在增值税流转过程中的每一个环节。在我国税制体系下，增值税不是唯一可以进行税款抵扣的税种，在特定范围内，消费税也可以进行税款的扣除。由于消费税纳税环节单一的特征，在某些情况下企业外购或者委托加工收回的应税消费品，在后续连续生产应税消费品时，可以扣除之前缴纳的消费税款。

企业外购的下列应税消费品进行连续生产应税消费品时，可以扣除已经缴纳的消费税税款。具体包括外购已税烟丝生产的卷烟、外购已税高档化妆品生产的高档化妆品、外购已税珠宝玉石生产的贵重首饰及珠宝玉石、外购已税鞭炮焰火生产的鞭炮焰火、外购已税杆头、杆身和握把为原料生产的高尔夫球杆、外购已税木制为原料生产的一次性筷子、外购已税实木为原料生产的地板、以外购已税汽油、柴油、石脑油、燃料油、润滑油用于连续生产应税成品油、从葡萄酒生产企业购进进口葡萄酒连续生产应税葡萄酒。

企业委托加工收回的应税消费品进行连续生产应税消费品时，可以扣除已经缴纳的消费税税款。具体包括以委托加工收回的已税烟丝生产的卷烟、以委托加工收回的已税化妆品生产的化妆品、以委托加工收回的已税珠宝玉石生产的贵重首饰及珠宝玉石、以委托加工收回的已税鞭炮焰火生产的鞭炮焰火、以委托加工收回的已税摩托车生产的摩托车、以委托加工收回的已税石脑油、润滑油为原料生产的成品油、以委托加工收回的已税杆头杆身和握把为原料生产的高尔夫球杆、以委托加工收回的已税木质一次性筷子为原料生产的木质一次性筷子、以委托加工收回的已税实木地板为原料生产的实木地板。

财务总监说

　　生产应税消费品的企业，应当关注应税消费品连续生产情况，在纳税申报时，应当将该部分数据补充完整，及时抵扣该抵扣的消费税。

6.1.7　包装物押金如何筹划才最省钱

关键词：包装物押金

包装物押金： 指销售企业销售货物时，不将包装物随同产品出售给企业，而是将包装物作为一种租赁物品出借给购货企业，出借包装物时，销货方向购货方按照一定标准收取的押金就是包装物押金。

西西谷公司的财务人员在核算时发现，公司生产的包装物在随同产品销售时一并缴纳了消费税，该笔支出金额虽然不大，但是随着产品销售的增长，包装物的消费税税款也逐日上升。为了减少这笔税款开支，财务人员向老板建议在销售产品时不再将包装物出售，而是改为出租包装物，以减少包装物的消费税。

在计算缴纳消费税和增值税的时候，应税消费品连同包装物一同出售的，无论包装物是否单独计价，在会计上如何进行核算，一律将包装物的价值计入销售额计算缴纳税款。在消费税的 15 个税目中，金银首饰、高档化妆品等应税消费品，经常会采用精致的包装物，包装物的价值并不像普通包装物那么低廉。精致包装物的价值较高，又随同应税消费品一同计征增值税和消费税，无形之中为企业增加了税收负担。

包装物押金是企业销售商品随同出借包装物时，约定在一定期限内购买方归还包装物，为了减少包装物损坏或不能收回给企业造成的损失，而收取一定的押金。

实战案例

上上签公司是生产珠宝首饰的增值税一般纳税人，2020 年 1 月生产一批珠宝手链，当月销售给批发商 200 条，每条不含税单价 2 万元。每条珠宝手链随同一个精美的首饰盒一同销售，每个首饰盒 1130 元。珠宝首饰的消费税税率为 10%，增值税税率为 13%，不考虑其他税费。

238

2020 年 1 月上上签公司不含包装物的珠宝手链的销售额＝ 200×2 ＝ 400（万元）

每个首饰盒的不含税价格＝ 1130÷（1 ＋ 13%）＝ 1000（元）＝ 0.1（万元）

首饰盒的销售额＝ 0.1×200 ＝ 20（万元）

上上签公司当月的销售额＝ 400+20 ＝ 420（万元）

上上签公司当月应当缴纳的消费税＝ 420×10% ＝ 42（万元）

上上签公司当月应当缴纳的增值税＝ 420×13% ＝ 54.6（万元）

企业销售货物的同时收取的货物包装物押金，在单独核算的情形下，如果出借包装物的归还期限未到，而且不满一年，企业在进行税务处理时不进行核算，不计入销售额征税。如果包装物借出超过一年，或者超过约定期限仍未归还，企业应当将收取的包装物押金计入销售额，计算缴纳增值税。如果是应税消费品，应当同时计算缴纳消费税。适用的税率为该包装物所包装货物的税率。

应税消费品中的啤酒和黄酒，按照上述规定核算包装物押金。除了啤酒、黄酒之外的其他酒类，在销售时收取的包装物押金，不需要考虑是否逾期，均在销售时并入销售额计算缴纳消费税和增值税。

除了酒类产品之外的应税消费品，都可以通过将随同产品出售的包装物，作为出借包装物进行核算，收取包装物押金。虽然包装物押金最迟在一年之后也要计入销售额，但是对于正处在发展中的企业来说，延迟一年缴纳的税款，可以增加企业的营运资本；又可以节省借款利息。

案例中的上上签将包装物随同应税消费品一同出售，包装物的价值计入销售额一并计算缴纳增值税和消费税。那么，案例中的上上签公司应当如何进行税务筹划才能达到节税的目的呢？我们从接下来的案例中来寻找答案。

实战案例

接上一案例，假设上上签公司并没有将珠宝手链和首饰盒一并销售，而是将首饰盒作为包装物出借给批发商，每个首饰盒收取 1130 元的包装物押金，并与批发商协议出借期限为一年。

在这种情况下，企业收取的款项金额不变，收到款项的时间也没有延迟，同时，批发商所支付的款项和上一案例相同，对批发商并未造成不利影响，而上上签公司的纳税义务却延迟了。

根据税法规定，未到期且未超过一年的包装物押金，在收到时不计入销售额，逾期或超过一年时计入销售额，计算并缴纳增值税和消费税。也就是说，在 2020 年 1 月时，上上签公司只需要对不含包装物的珠宝手链的销售额 400 万元计算相关税款。而首饰盒的销售额 20 万元，在 2021 年之前并入销售额计算相关税款即可。

首饰盒应当缴纳的消费税＝ 20×10% ＝ 2（万元）

首饰盒应当缴纳的增值税＝ 20×13% ＝ 2.6（万元）

2020 年 1 月上上签公司可以延迟缴纳税款 4.6 万元，对于从事珠宝首饰生产销售的上上签公司来说，每个月都可以延迟缴纳一定金额的税款，减少上上签公司的现金流出，本质上为上上签公司带来了经济利益。

由此可见，对于包装物价值较高的应税消费品来说，进行包装物的税务筹划是非常有必要的。包装物的筹划不仅适用于生产除酒类产品外的应税消费品的企业，也适合生产非应税消费品随同包装物价值较高的企业。增值税对于包装物和包装物押金，和消费税适用相同的规定，非应税消费品也可以采用此方法进行税务筹划。

采用包装物押金方式销售应税消费品，一方面，可以减少随同应税消费品出售的包装物消费税，另一方面，企业也可以节约包装物的采购成本。同时，采购企业也能够少支付一部分货款，这对于供销企业是一种双赢的销售方式。

财务总监说

6.2　用财务操作省钱

6.2.1　计税价格要多考虑

　　西西谷公司最近研发了一种新产品，新产品销售给东东枪文化公司的价格为50元每件，该产品的成本为49元，税务机关认为该产品的销售价格不合理，由于该产品在市场上尚无同种、同类商品，税务机关决定对该新产品使用组成计税价格计税。

　　销售商品的计税价格，在多个税种计算时都需要考虑。计税价格不仅包括商品的购买价款，还包括价外费用。价外费用具体包括向购买方收取的手续费、补贴、基金、集资费、返还利润、奖励费、违约金、延期付款利息、包装费、包装物租金、储备费、优质费、运输装卸费、代收款项、代垫款项等。

　　在正常销售时，只需要考虑购买价款和价外费用即可，在进口商品时，还需要进行组成计税价格。在计算增值税、消费税和关税时都有涉及。

1．增值税

　　进口环节应当由我国的进口方缴纳增值税，在计算增值税时，需要先计算增值税的计税依据，即组成计税价格。组成计税价格的基本公式如下：

组成计税价格＝关税完税价格＋关税消费税

　　从组成计税价格公式中我们可以看出，重要的因素为关税完税价格。那么，什么是关税完税价格呢？

一般贸易下进口货物的关税完税价格，为海关审定的成交价格与起卸前的运费、保险费等之和。跨境电子商务零售进口商品的关税完税价格，为零售商品的实际交易价格。确定了关税完税价格之后，以关税完税价格加上关税和消费税，得出组成计税价格。以组成计税价格乘以适用税率，就可以计算出进口货物的增值税了。

上述计算公式不仅适用于增值税一般纳税人，增值税小规模纳税人也按照同样的方法计算进口环节的增值税。进口环节的增值税可以在后续销售环节计算增值税时，作为进项税额进行抵扣，但是进口环节，不能抵扣任何在国外缴纳的其他税款。进口货物的纳税人在缴纳增值税后，取得海关专用缴款书，是用来抵扣进项税额的凭证，用途相当于购进货物取得的增值税专用发票。

对于跨境电子商务零售进口商品，如果单次交易不超过人民币5000元，个人年度交易不超过人民币26000元，进口商品应缴纳的增值税、消费税按照法定应纳税额的70%征收。如果单次交易或者个人年度交易超过上述标准的，进口商品应缴纳的增值税、消费税按照一般贸易的方式全额征税。

实战案例

西西谷公司从海外进口一台机器设备，进口关税税率为10%。该机器设备成交价格为100万元，起卸前的运费为17万元，保险费为3万元。该机器设备适用的税率为13%，计算西西谷公司进口该机器设备需要缴纳的增值税。

我们先计算关税完税价格。关税完税价格为成交价格与起卸前的运费和保险费之和。

关税完税价格 $= 100 + 17 + 3 = 120$（万元）

有了关税完税价格，接下来计算应缴纳的关税税额。

关税 $=$ 关税完税价格 $\times$ 关税税率 $= 120 \times 10\% = 12$（万元）

有了关税完税价格和关税税额，就可以计算出组成计税价格了。

组成计税价格 $= 120 + 12 = 132$（万元）

应缴纳的增值税 $= 132 \times 13\% = 17.16$（万元）

在计算进口环节应交增值税的组成计税价格公式中，除了考虑关税，还需要考虑消费税。当进口的货物不属于消费税的征税范围，在用公式计算时，消费税不需要考虑，只考虑关税即可。

2. 消费税

消费税的组成计税价格，不仅关系到进口环节，在委托加工应税消费品由受托方代收代缴消费税时，也涉及组成计税价格。

受托方计算代扣代缴的消费税时，如果受托方有同类应税消费品的销售价格，应当以受托方同类应税消费品的销售价格作为计税依据，计算缴纳消费税。受托方没有同类应税消费品的计税价格的，应按照组成计税价格计算缴纳消费税。

应税消费品采用从价定率方式征收消费税的，组成计税价格公式如下：

组成计税价格＝（材料成本＋加工费）÷（1－消费税率）

应税消费品采用复合计税方式征收消费税的，组成计税价格公式如下：

组成计税价格＝（材料成本＋加工费＋委托加工数量 × 定额税率）÷（1－比例税率）

商品的组成计税价格，无论是在计算增值税、关税或消费税时，都是因为没有实际可以采用的价格，才选择按照组成计税价格公式进行计算。增值税是价外税，增值税的组成计税价格中，不应当包括增值税本身。而消费税和关税是价内税，消费税和关税的组成计税价格中，包括关税和消费税。

财务总监说

组成计税价格的存在，一是为了满足税务机关对于商品合理价格的判断和评估；二是为了满足税法对于视同应税事项的计税；三是为了满足某些特殊情形计税依据的确认，如进口环节增值税、消费税的计税等。

6.2.2　消费税的总分核算

关键词：**总机构　分支机构**

总机构： 指按照一定程序设立、经过国家主管部门批准成立的企业、公司或其他组织。

分支机构： 指总公司的常设机构，与总公司同属于同一法人实体，销售、生产、财务等方面受到总公司的约束和控制。

实战案例

N企业为生产高档化妆品的企业，增值税一般纳税人。N企业的主要产品为高档面霜，N企业将该面霜直接销售给经销商的不含税价格为每瓶2000元，根据以往销售统计估算，N企业每月平均销售该面霜1500瓶。该企业生产的高档化妆品适用的消费税税率为15%。

按照以往的销售量，N企业每月平均应当缴纳消费税＝2000×1500×15%＝450000（元）。

N企业进行财务咨询后，咨询师给出的意见是N企业可以将自产销售的高档面霜先销售给独立核算的销售部，销售价格不能低于商品售价的70%。一旦低于商品售价的70%，就属于销售价格明显便宜的情况，税务机关有权重新核定价格。

假设N企业以1600元的价格向独立核算的销售部门销售高档面霜，再由独立核算的销售部门销售给经销商。在向独立核算部门销售时，N企业缴纳消费税，后续销售给经销商时就不需要再缴纳消费税了。

N企业应当缴纳的消费税＝1600×1500×15%＝360000（元）。

比直接销售给经销商少缴消费税＝450000－360000＝90000（元）。

对于消费税纳税人总机构和分支机构如何进行核算，税法是有明确规定的。将《中华人民共和国消费税暂行条例实施细则》第二十四条有关规定摘录如下：

"纳税人的总机构与分支机构不在同一县（市）的，应当分别向各自机构所在地的主管税务机关申报纳税。纳税人的总机构与分支机构不在同一县（市），但在同一省（自治区、直辖市）范围内，经省（自治区、直辖市）财政厅（局）、国家税务总局审批同意，可以由总机构汇总向总机构所在地的主管税务机关申报缴纳消费税。省（自治区、直辖市）财政厅（局）、国家税务总局应将审批同意的结果，上报财政部、国家税务总局备案。"

应税消费品卷烟除了在出厂环节需要缴纳消费税，在批发环节也需要加征一道消费税。卷烟批发环节的总分机构的规定与其他应税消费品的规定不同。卷烟批发企业的机构所在地，总机构与分支机构不在同一地区的，由总机构申报纳税。

除卷烟外，企业均可以通过设置独立核算的部门，即作为分支机构进行核算。我国税法规定，企业通过自设非独立核算门市部销售的自产应税消费品，应当按照门市部对外销售额或者销售数量征收消费税。企业将自产的应税消费品，按一定价格销售给独立核算的经销部，按照销售价格计算缴纳消费税，独立核算部门再对外销售时，不需要再重复缴纳消费税。

财务总监说

分支机构的存在可以在一定程度上为企业减轻税负，但是企业采用设立分支机构的方法节税时，应当事先计算分支机构设立的成本，如果设置分支机构的成本过高，严重超过企业设置该机构所能节省的税款，那么企业此时就不应当选择设置分支机构。

6.2.3 利用不同的促销方式节税

关键词：促销

促销：促销就是采用各种营销手段向消费者传递本产品的信息，促使消费者购买产品的一种营销活动。

西西谷公司的老板为了提高公司产品销量，想要采用买一赠一的手段进行商品促销，会计小刘赶忙拦住了老板："公司采用买一赠一的销售方法，两件商品要同时缴纳增值税税款，虽然增加了利润，但是公司的利润也会减少。"在小刘和老板的讨论下，公司决定重新制定营销方案，不再直接采用买一赠一的销售方法。

企业在进行销售时，经常会采用各种各样的折扣方式进行促销，无论形式上如何体现，本质上都是通过价格优惠来吸引客户购买。常见的促销方式包括打折销售、买赠销售、分期付款销售等。作为消费者，在日常生活中我们经常会看到各种各样的促销活动，例如"买一赠一""充话费赠手机""买冰箱赠电饭锅"等。

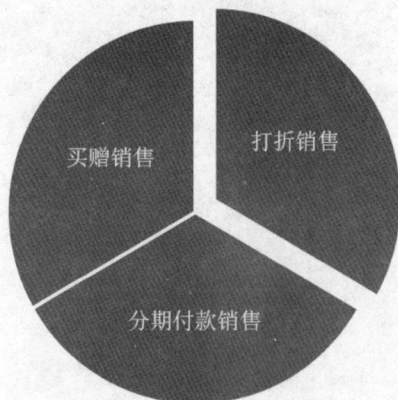

当企业进行买赠促销活动时，销售的产品按照正常销售处理，赠送的产品视为无偿赠送给他人。我国税法规定，企业将自产、委托加工或购买的货物无偿赠送他人，按照视同销售缴纳增值税。企业进行买赠促销活动的账务处理，赠送的商品应当视同销售处理。

实战案例

C企业是销售家电的企业，为增值税一般纳税人。为了促进销售，C企业购入一批电饭煲作为赠品，无偿赠送给购买冰箱的消费者。2020年1月，C企业购入1000台电饭煲，不含税进货价格200元，取得增值税专用发票并已认证抵扣。

2020年1月，C企业销售电冰箱50台，取得不含税收入10万元，赠出电饭煲50台。C企业所赠送的电饭煲，市场售价300元。C企业在计算2020年1月所缴纳的增值税时，应当将赠送的50台电饭煲做视同销售处理，以市场公允价格作为销售额，计算增值税的销项税额。

电冰箱的销项税额 = 100000 × 13% = 13000（元）

电饭煲的销项税额 = 50 × 300 × 13% = 1950（元）

案例中的C企业采用赠送赠品的方式促销，虽然取得的仅仅是电冰箱的销售收入，计算增值税时，却需要计算两笔销项税额。为了避免买赠促销行为造成的多缴税款，企业可以采用捆绑销售的促销方式，这样取得的销售收入可以在两种商品之间，按照公允价值来分摊，总体的销项税额不会增加。

实战案例

接上一案例，C企业在进行促销时，不再使用"买冰箱赠电饭煲"的促销方式，而是采用"只需2000元，电饭煲和冰箱带回家"这种促销方式，将电饭煲和电冰箱捆绑销售。

2020年1月，C企业销售电冰箱和电饭煲各50台，取得不含税收入10万元，电冰箱市场售价每台2000元，电饭煲市场售价每台300元。C企业在计算2020年1月所缴纳的增值税时，按照不含税收入10万元乘以税率计算销项税额，计算得出销项税额13000元，比买赠促销方式节省1950元。

企业在同类商品促销时，也可以采用加量不加价的促销方式，本质上都是通过捆绑实现促销。案例中将电饭煲和电冰箱捆绑出售只卖电冰箱的价格，相当于把电冰箱打折销售。

对于企业进行折扣销售，如果销售额和折扣金额开具在同一张发票上的，可以按折后的价格计算增值税。如果折扣金额和销售金额没有体现在同一张发票上，或者体现在同一张发票的备注栏中，而没有在金额栏中体现，均不可以使用折后价格计算增值税。

财务总监说

　　不同促销手段对于企业税款的影响不同，企业在实施促销活动时，应当充分考虑价格、销量、销售成本、销售税款等多种因素，制定最佳营销策略。

6.2.4 增值税不同结算方式的节税操作

关键词：结算方式

结算方式：指经济主体之间进行业务往来时的款项收付时间和收付方法。

企业销售商品时，不同的结算方式对应的纳税义务发生时间不同。我国税法对于不同结算方式下的纳税义务时间规定如下：

采用直接收款方式销售货物，无论货物是否发出，以收到货款或取得收款凭据并将提货单交给买方的当天，为增值税纳税义务的发生时间。

采用托收承付和委托银行收款方式销售货物，无论货款是否收到，以发出货物并办妥托收手续的当天，为增值税纳税义务的发生时间。

采用赊销和分期收款方式销售货物，无论货款是否收到，以书面合同约定的收款日期的当天，为增值税纳税义务的发生时间。如果买卖双方没有签订书面合同的，或者所签订的书面合同没有约定收款日期的，以发出货物的当天为增值税纳税义务发生时间。

采用预收货款方式销售货物，以发出货物的当天为增值税纳税义务发生时间。如果所销售的货物为卖方生产的，生产工期超过 12 个月的大型机械设备、船舶、飞机等货物，以收到预收款或者书面合同约定的收款日期的当天，为增值税纳税义务发生时间。

2020 年 9 月 27 日，东东枪文化公司销售了一批价值 10 万元的文化用品，公司尚未收到货物货款，会计小刘查询公司本季度的销售情况，发现本季度的销售额已经达到了 27 万元，为了减少增值税税款的缴纳，小刘赶忙联系了购货企业，希望企业能够在 10 月支付货款，购货企业欣然同意了小刘的请求。经过小刘的联系，东东枪文化公司的季度销售额未超过 30 万元，公司免交了三季度增值税。

销售企业委托其他纳税人代销本企业的货物，发出货物时不确认收入。当收到代销单位提供的代销清单，或者收到货款时，证明销售已经完成，以两种时间中较短的时间，作为增值税纳税义务的发生时间。

在日常工作中可能存在一种现象，销售企业将货物发出后，很长时间没有收到代销清单，也没有收到回款，企业就将这部分发出的存货一直不进行销售收入的确认。对于这种特殊情况，我国税法另有规定。对于发出代销商品超过180天仍未收到代销清单及货款的，视同销售已经实现，计算缴纳增值税。以发出代销商品满180天的当天，为纳税义务发生时间。

实战案例

B企业为服装生产企业，2019年1月1日，发出3000件服装给服装销售企业N企业代销，发出货物180天时，仍未收到N企业的代销清单和货款。B企业发出的3000件服装，于2019年12月1日收到代销清单并取得货款，B企业的财务人员在12月确认这部分收入。

3000件服装的不含税销售额为24万元，代销货物的销项税额＝24×13%＝3.12（万元），B企业2020年12月的进项税额为12万元，足够抵扣代销货物的销项税额，B企业当月不需要缴纳增值税。

案例中B企业实际收到代销清单和货款的时间已经超过180天。B企业在超过180天时没有确认收入，违反税法规定，会为企业带来税务风险。虽然在实际收到代销清单时B企业没有缴纳增值税款，看似为企业带来利益，潜在的税务风险却会给企业带来更大的损失。B企业应当按照税法规定的时间确认收入。

实战案例

接上一案例，B企业在2019年6月对这部分代销商品确认收入。由于B企业的进货集中在年初和年末，在年中可以抵扣的进项税额较少，6月没有可以抵扣的进项税额。

B企业代销货物的销项税额＝24×13%＝3.12（万元），2019年12月B企业对这批代销商品全额缴纳增值税。

案例中的 B 企业在年初和年末可以抵扣的进项税额较多，在年中没有可以抵扣的进项税额，导致其在 6 月多缴纳了 3.12 万元的增值税款。企业在代销商品满 180 天时所处的月份没有足够进项税额用来抵扣税款的情况下，可以在满 180 天之前将代销的货物收回。收回后的一段时间再重新发出，就可以将纳税义务推迟，为企业减少运营资金的损失。

财务总监说

选择恰当的结算方式是企业延迟纳税义务时间、减少税款缴纳的一种方法，在选用这种方法节税时，企业一定要充分了解相应税种的纳税义务发生时间，防止因应确认收入而未确认导致的税款缴纳失误。

6.2.5　巧用亏损进行所得税节税

关键词：企业亏损

企业亏损： 指企业在生产经营中获得的损失不能弥补发生的支出，从而导致企业利润为负的情况。

> 东东枪文化公司在 2020 年获得了 30 万元的应纳税所得额，由于上年度企业发生了亏损，因此 2020 年度的应纳税所得额应当首先弥补亏损，再进行所得税的缴纳。经过上年度亏损弥补，东东枪文化公司本年少缴纳了将近一半的企业所得税。

前面已经介绍过，企业所得税是根据企业的利润进行缴纳的，企业盈利时需要缴纳一定比例的企业所得税。企业亏损时，亏损当年不需要缴纳企业所得税，不但当年不用交，在后续盈利年度，以盈利年度的利润弥补亏损后的利润计算缴纳企业所得税。

我国税法规定："企业某一纳税年度发生的亏损可以用下一年度的所得弥补，下一年度的所得不足以弥补的，可以逐年延续弥补，但最长不得超过 5 年。自 2018 年 1 月 1 日起，当年具备高新技术企业或科技型中小企业资格的企业，其具备资格年度之前 5 个年度发生的尚未弥补完的亏损，是指当年具备资格的企业，其前 5 个年度无论是否具备资格，所发生的尚未弥补完的亏损，准予结转以后年度弥补，最长结转年限由 5 年延长至 10 年。"

> 西西谷公司在 2014 年度应纳税所得额为 -50 万元，2014 ～ 2019 年度的应纳税所得额如下表所示，假设不考虑企业所得税的其他税收优惠政策，企业所得税税率按 25% 计算。
>
> 根据税法对企业所得税亏损弥补的规定，西西谷公司在 2014 年度亏损的 50 万元，可以利用 2015 年到 2019 年的盈利来弥补。

纳税年度	2014	2015	2016	2017	2018	2019
应纳税所得额	-50	-10	2	8	15	10

2014 的亏损 50 万元在五年期限内可以弥补的金额为＝2＋8＋15＋10＝35（万元）。2015 年亏损的 10 万元并不计入弥补的亏损额中，如果将这 10 万元亏损计入上式计算，就说明在 2014 年的亏损还没有完全弥补时，就将 2016 年至 2019 年的盈利弥补 2015 年的亏损。

企业发生的亏损在进行弥补时，先亏的年度先弥补，只有将先发生亏损年度的亏损完全弥补后，才可以弥补后续年度的亏损。

2015 年到 2019 年可以弥补的亏损额为 35 万元，西西谷公司在 2014 年度亏损的 50 万元，还剩 15 万元没能弥补。这 15 万元没有弥补的亏损额，使得企业多缴税款，给企业带来了经济利益的损失，多缴税款额＝15×25%＝3.75（万元）。

5 年内没有弥补的亏损为什么属于多缴的税款呢？

我们假设西西谷公司从 2016 年起不断拓展业务，经营情况逐渐变好，每年可以实现递增的盈利，2020 年预计盈利 30 万元。

2020 年弥补 2015 年的亏损 10 万元之后，剩余的 20 万元应纳税所得额应当缴纳企业所得税 5 万元（20×25%）。

这时候就要发挥纳税筹划的作用了。西西谷公司财务人员在分析过程中发现，在西西谷公司的实际盈利情况逐年增加的情况下，2019 年的应纳税所得额却是 10 万元，比 2018 年还少 5 万元。经过核实，原来是 2019 年年底西西谷公司购买了一套新设备，价值 15 万元。西西谷公司享受企业所得税中的固定资产一次性计提折旧政策，将该设备直接计提折旧 15 万元，使得成本费用增多，盈利减少 15 万元。

如果西西谷公司将购置新设备的计划在不影响经营的情况下推迟到 2020 年 1 月，那么 2019 年的应纳税所得额就变成 25 万元，2020 年的应纳税所得额变成 15 万元。

这样操作之后，2014 年的亏损 50 万元正好可以利用 2015～2019 年的盈利完全弥补。而 2020 年的盈利 15 万元，可以弥补 2015 年的亏损 10 万元，弥补之后 2020 年的实际应纳税所得额为 5 万元，应缴纳企业所得税＝5×25%＝1.25（万元），为西西谷公司节省企业所得税税款＝5－1.25＝3.75（万元）。

进行纳税筹划，最关键的因素就是要提前进行，在实际发生之后再去想办法，就只能成为案例中的假设。案例中的西西谷公司在 2019 年年底购置固定资产时，如果提前进行亏损弥补的税务筹划，就不会多缴 3.75 万元的税款。对于小企业来说，运用税收优惠政策进行纳税筹划，把节省下来的税款用于生产经营拓展业务，才会形成发展的良性循环。

在进行亏损弥补纳税筹划时，要合理安排金额较大的投资，包括对外投资或购置较大资产的投资，除此之外，财务人员也要精打细算，尽量减少日常经营中无用的开支。

需要注意的是，自 2018 年 1 月 1 日起，符合高新技术企业或科技型中小企业资格的企业，应当申请成为高新技术企业或科技型中小企业，这样便可以享受弥补年限为 10 年的优惠政策。

财务总监说

亏损弥补政策是我国为了扶持企业渡过经营难关的一项重要的税收优惠政策，税前弥补亏损，可以有效减少企业所得税的金额，从而给企业带来更多的现金流，保证企业的正常经营。在进行税前亏损弥补时，企业应当注意亏损弥补的期限，防止出现可以弥补但未弥补的情形。

6.2.6　用于增值税非应税项目的进项税额也可以抵扣吗

关键词：非增值税应税项目

非增值税应税项目：按照《财政部、国家税务总局关于固定资产进项税额抵扣问题的通知》规定，非增值税应税项目是指"提供非增值税应税劳务、转让无形资产、销售不动产和不动产在建工程"等项目。

西西谷公司新购置了一台设备生产两种产品，其中，一种产品为增值税应税项目，另一种产品增值税免税项目，但是会计人员在进行进项税额抵扣时，竟然将设备的进项税额全部用于抵扣销项税额。西西谷公司的老板对此十分疑惑：难道不用分别计算生产产品的设备比例再进行抵扣吗？这种抵扣方法是正确的吗？会计小王为他解开了疑惑。

我国税法关于增值税进项税额，不得抵扣的项目有如下规定："用于简易计税方法计税项目、免征增值税项目、集体福利或者个人消费的购进货物、劳务、服务、固定资产、无形资产和不动产，不得抵扣购进时的进项税额。其中涉及的固定资产、无形资产、不动产，仅指专用于上述项目的固定资产、无形资产、不动产。"。

政策规定中的简易计税方法计税的项目、免征增值税项目、集体福利、个人消费属于脱离了增值税链条的情况，后续的处理中已经没有按照增值税的税率计算的销项税额，所以相应的进项税额也不能抵扣。

关于不得抵扣进项税额除了上述规定之外，还做出如下特殊规定："发生兼用于上述不允许抵扣项目情况的，该进项税额准予全部抵扣。"

从特殊规定中可以看出，如果企业购进的固定资产、无形资产、不动产专用于简易计税方法计税的项目、免征增值税项目、集体福利、个人消费，那么购进这些资产的进项税额全额不可以抵扣。如果企业购进这些资产，除了用于增值税非应税项目，还用于增值税应税项目，那么这些进项税额可以全额进行抵扣。规定中并未明确指出用于应税项目所占的比例，这就为企业节税操作提供了很大的空间。

实战案例

A企业为制药厂，从事各种药物的生产和销售，为增值税一般纳税人。2019年1月，A企业生产一种抗癌药物，并于当月购入一台先进的制药设备，对药物的成分进行融合。A企业新购入的这台先进的制药设备，不仅能够用于抗癌药物的生产，也能够用于其他药物的生产，只是A企业为了方便管理，将该设备仅用于抗癌药的生产。

A企业对于生产销售和批发、零售抗癌药品，选择按照简易计税办法，按3%的征收率计算增值税。2019年1月销售抗癌药取得不含税收入100万元，销售其他药品取得不含税收入为200万元。A企业购入的制药设备取得增值税专用发票，注明金额500万元，增值税额65万元，由于A企业将该设备用于简易计税的抗癌药物的生产，进项税额65万元不可以抵扣。本月A企业可以抵扣的进项税额为10万元。

A企业在2019年1月的销项税额＝100×3%＋200×13%＝29（万元）

A企业在2019年1月可以抵扣的进项税额＝10（万元）

A企业2019年1月的应缴纳增值税＝29－10＝19（万元）

案例中的A企业虽然购进了制药设备，但是由于是用于简易计税项目，相应的进项税额不可以用来抵税。如果该设备不仅能用于简易计税项目，也可以用于适用于增值税税率的应税项目，该进项税额便可以抵税了。

实战案例

接上一案例，A企业将购进的先进的制药设备，不仅用于抗癌药品的生产，也用于其他药品的生产。此时，该设备属于政策中提及的"发生兼用于上述不允许抵扣项目情况的"固定资产，全部的进项税额可以进行抵扣。A企业在2019年1月，除了原有的10万元进项税额，又多了65万元可以抵扣的进项税额。

A企业在2019年1月的销项税额＝100×3%＋200×13%＝29（万元）

A企业在2019年1月可以抵扣的进项税额＝10＋65＝75（万元）

A企业2019年1月的应缴纳增值税＝0

A企业2019年1月的期末留抵税额＝75－29＝46（万元）

案例中，A 企业将只用生产抗癌药品的设备同时用于其他药品，不但在当期可以不缴纳增值税，还为以后期间提供了留抵税额。由此可见，将用于简易计税方法计税项目、免征增值税项目、集体福利或者个人消费的购进货物、劳务、服务、固定资产、无形资产和不动产同时用于增值税应税项目，可以为企业节省税款。

当然，将上述本来不可以抵扣进项税额的购进项目兼用于可以抵扣的用途时，必须是根据企业自身经营情况真实发生的，不能为了少缴税而弄虚作假。

财务总监说

　　企业的固定资产、无形资产等项目进项税额的抵扣具有特殊性，由于企业并不能有效区分用于简易计税方法计税项目、免征增值税项目、集体福利和个人消费的产品比例，为了简化计算，便允许对这些进项税额予以全额抵扣。企业可以充分利用这一政策节税，不必担心会被税务机关检查。

6.2.7 正确开具发票也能节省税款

关键词：增值税专用发票

增值税专用发票：指国家税务总局监制、设计、印刷的，只限于增值税一般纳税人领购、使用的一种增值税发票。

发票是增值税管理系统中最重要的凭据，是经济业务的载体。随着税务系统的不断改进，发票开具系统也越来越完善。企业可以通过开票系统开具增值税专用发票、增值税普通发票、机动车销售统一发票、增值税电子普通发票。

发票的开具有固定的格式和规则，不是随便开具就可以作为业务凭证的。企业的财务人员应当按照真实的经济业务开具发票，不能随意更改发票的项目、数量和金额，发票上要求填写的信息也必须填写齐全。

企业采用正确的方法开具发票，不但能为企业规避税务风险，还能为企业节税。

1. 折扣销售

折扣销售即商业折扣，是企业在进行销售时，给予购买方价格优惠，在金额上进行一定比例的折扣。企业为购买方开具发票时，应当在同一张发票的金额栏体现折扣金额，计算增值税的销售额为折扣后的金额。如果企业开具发票时，没有将折扣金额体现在同一张发票的金额栏而是体现在备注栏中，或者开具在另一张发票上，计算增值税的销售额不能以折扣后的金额计算，而是以折扣前的金额作为计算增值税的计税依据。

实战案例

西西谷公司为增值税一般纳税人。2020 年 3 月，东东枪文化公司从 C 公司处批发产品，不含税销售额为 20 万元。由于东东枪文化公司是西西谷公司长期合作的老客户，西西谷公司给予东东枪文化公司 10% 的折扣，优惠后的不含税销售额 = 20×（1 − 10%）= 18（万元）。

西西谷公司于当月以银行存款收讫货款，并开具增值税专用发票，发票金额栏注明不含税金额 18 万元，在备注栏注明折扣 2 万元。

西西谷公司在计算 2020 年 3 月的增值税时，该笔销售的计税依据为 20 万元。

销项税额 ＝ 20×9% ＝ 1.8（万元）

如果西西谷公司将折扣体现在金额栏中，那么发票上的不含税金额就变成 18 万元，该笔销售的计税依据也为 18 万元。

销项税额 ＝ 18×9% ＝ 1.62（万元）

正确开具发票可以为西西谷公司节省税款 ＝ 1.8 － 1.62 ＝ 0.18（万元）

由此可见，采用折扣销售方式销售的企业，正确开具发票非常有必要。销售企业收到的是折扣后的货款，由于发票开具方式不正确，却要以折扣前的销售额计算增值税，这中间的差额就是企业的损失。

2. 自开专票

《国家税务总局关于增值税发票管理等有关事项的公告》（国家税务总局公告 2019 年第 33 号）部分规定如下："增值税小规模纳税人（其他个人除外）发生增值税应税行为，需要开具增值税专用发票的，可以自愿使用增值税发票管理系统自行开具。选择自行开具增值税专用发票的小规模纳税人，税务机关不再为其代开增值税专用发票。

增值税小规模纳税人应当就开具增值税专用发票的销售额计算增值税应纳税额，并在规定的纳税申报期内向主管税务机关申报缴纳。在填写增值税纳税申报表时，应当将当期开具增值税专用发票的销售额，填写在《增值税纳税申报表》（小规模纳税人适用）税务机关代开的增值税专用发票不含税销售额项目中。"

上述政策于 2020 年 2 月 1 日起开始实施，在此之前，增值税一般纳税人可以开具增值税专用发票，小规模纳税人如果想开具增值税专用发票的话，必须去税务机关申请代开。上述政策是小规模纳税人自愿选择的事项，也就是说，小规模纳税人可以选择自开专票，也可以像从前一样，去税务机关代开发票。

小规模纳税人代开发票时，首先要从国家税务总局的网上办税服务厅提交申请，提交申请通过后，就需要缴纳增值税和附加税。而自开专票虽然也要缴纳增值税和附加税款，但是纳税日期由原来的代开专票日期延长到纳税申报期。按照企业现金流的角度，延缓缴税可以为企业带来经济利益，还免去企业去税务机关代开专票带来程序上的麻烦。

3. 差额征税

全面营改增之后，由于之前营业税相关行业的特殊性质，有部分行业在计算缴纳增值税时，适用于差额征税。差额征税的适用范围为金融商品转让、经纪代理服务、融资租赁和融资性售后回租业务、航空运输企业和试点纳税人中的一般纳税人提供客运场站服务。

可以采用差额征税计算缴纳增值税的企业，在自行开具发票时，也要选择开票系统中的差额征税开票功能，发票备注栏上也会自动出现差额征税字样。如果没有进行选择，就按照全额征税，使企业多缴一部分税款。

财务总监说

对于增值税一般纳税人而言，发票的开具可以影响企业增值税税款的缴纳，企业在开具发票时，应当严格按照发票开具办法开具，防止因发票开具错误产生增值税无法抵扣的情形。

6.2.8 分别核算才能节省消费税

关键词：应税消费品和非应税消费品组合销售

应税消费品和非应税消费品组合销售：指生产应税消费品的企业将应税消费品和非应税消费品组合为套装一同出售的行为。

我国税法规定，纳税人兼营不同税率应税消费品，应当分别核算不同税率应税消费品的销售额、销售数量。未分别核算销售额、销售数量，从高适用税率。纳税人将不同税率应税消费品组成成套消费品销售的，从高适用税率。

上上签企业是生产女士洗护用品和化妆品的企业，为一般纳税人。上上签企业的主要产品包括洗发露、护发素和高档化妆品。2020年1月，上上签企业将洗发露、护发素和高档化妆品组成新年礼盒销售，销售额显著提升。2020年1月共销售礼盒2000套，取得不含税收入8000万元。高档化妆品消费税税率为15%，上上签企业2020年1月应当缴纳消费税＝8000×15%＝1200（万元）。

案例中的上上签企业将应税消费品和非应税消费品组成套盒销售，虽然达到了促销的效果，但是消费税的税负明显提高了。如果上上签企业不将应税消费品和非应税消费品做成礼盒，可能会影响销售，那么，上上签企业如何在不影响销售的前提下，使得消费税税负最少呢？

假设上上签企业并不是直接将洗发露、护发素和高档化妆品组成套盒再销售给经销商。而是将应税消费品和非应税消费品分别销售给经销商，由经销商组成礼盒销售。在出厂环节，上上签企业已经就应税消费品缴纳过消费税了，对于经销商来说，分别销售再组成礼盒出售和之前的直接销售套盒并没有影响。

在这种销售方式下，上上签企业应当将应税消费品和非应税消费品分开核算。2020年1月上上签企业销售洗发露1200万元、护发素1500万元，高档化妆品5300万元。

上上签企业对高档化妆品缴纳消费税＝5300×15%＝795（万元）。

采用分别销售再由经销商组成礼盒的方法，为上上签企业节省了405万元（1200－795）的税款，还没有影响销售。

同时生产不同税率应税消费品的企业，即使不组成套盒销售，也要分别核算，避免混合核算使用最高税率带来的损失。对于不同项目销售的分别核算，不仅涉及不同税率的应税消费品，还涉及不同环节计算缴纳消费税的情形。

应税消费品中的金银首饰、铂金首饰和钻石及钻石饰品，在零售环节征收5%的消费税，其他贵重首饰和珠宝玉石在出厂销售环节征收10%的消费税。不仅税率不同，而且缴纳消费税的环节也不同。

对既生产销售金银首饰，又生产销售非金银首饰的企业，应当将金银首饰和非金银首饰进行清晰的划分，分别核算销售额。企业没有将金银首饰和非金银首饰分别核算的，在出厂环节销售时，将金银首饰和非金银首饰的合计销售额，按照非金银首饰的消费税税率，计算缴纳消费税。在零售环节销售的，由于没有分别核算，将金银首饰和非金银首饰的销售额按金银首饰计算缴纳消费税。

企业没有进行分别核算，使得应当仅在一个环节缴税的应税消费品，在出厂销售环节和零售环节双重缴税。由此可见，应税消费品分别核算，对于企业节税来说有着非常重大的意义。

企业应当将部分税收政策及时传递给销售部分员工，防止销售部在制定销售方案时，误将应税消费品和非应税消费品组成套装销售。同时，企业制定的销售方案，应当同时向公司财务人员征求意见，保证销售方案不会无端增加企业的税款支出。

财务总监说

6.3 用税收优惠政策省钱

6.3.1 增值税起征点变化后的节税操作

> **关键词：增值税起征点**
>
> **增值税起征点**：增值税的起征点适用于增值税小规模纳税人，当其月度销售额超过 10 万元，或者季度销售额超过 30 万元时，增值税小规模纳税人才开始缴纳增值税。

　　自 2019 年 1 月 1 日起，增值税小规模纳税人的起征点从原来的每月 3 万元提高到每月 10 万元，每季度 9 万元提高到每季度 30 万元。起征点大幅度提高，给增值税小规模纳税人带来了更大的福利。增值税小规模纳税人应当合理进行销售安排，力求充分享受增值税的税收优惠。

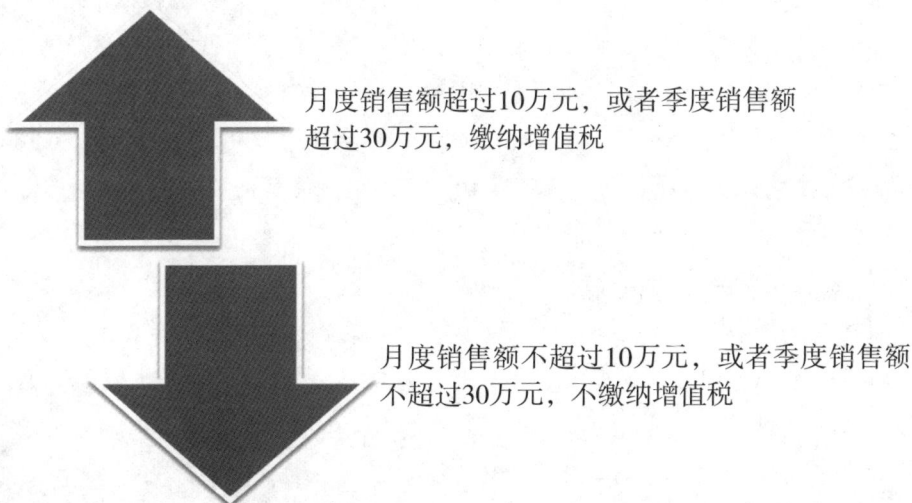

月度销售额超过10万元，或者季度销售额
超过30万元，缴纳增值税

月度销售额不超过10万元，或者季度销售额
不超过30万元，不缴纳增值税

实战案例

东东枪文化公司为从事小商品零售业务的增值税小规模纳税人。2019 年年初，增值税小规模纳税人新的税收优惠政策出台之后，东东枪文化公司财务人员对 2019 年的销售进行税务筹划。

根据以前年度的统计，东东枪文化公司平均每月零售额 104030 元。

对含税销售额进行价税分离计算：

$$104030 \div (1 + 3\%) = 101000 （元）$$

东东枪文化公司的每月不含税销售金额超过 2019 年新规定的起征点 10 万元。

每月需要缴纳增值税 $= 101000 \times 3\% = 3030 （元）$。

如果东东枪文化公司想要将不含税销售额控制在 10 万元以内，那么每月平均零售额不应超过 103000 元。103000 元和 104030 元之间只相差一千多元，但是每月可能多缴纳的税款为 3030 元。多创造的一千元销售额不但没有给企业带来利润，反而给企业造成损失。

案例中东东枪文化公司的销售情况远远超过之前的起征点，所以经营策略应当尽可能地提高销售，获得利润。当企业的销售额已经达到一个稳定水平，无论选择何种促销方式，也不会有大幅度的提升。此时，企业的销售额又恰好在起征点附近，就应该提前做好销售安排，为企业节约税款，提高最终利润。

V 公司为从事旅游业务的增值税小规模纳税人，按照季度销售额申报缴纳增值税。V 公司于 2019 年 1 月成立，正处在开拓市场阶段，销售额较少。2019 年第一季度，V 公司的不含税销售额为 6 万元，2019 年 4 月的不含税销售额为 3 万元，5 月的不含税销售额为 4 万元。2019 年 6 月起，V 公司迎来了销售旺季，V 公司销售人员预计 6 月销售额为 10 万元，7～9 月的不含税销售额能达到 35 万元。

V 公司财务人员在对销售业务进行税务筹划时，认为销售人员可以在不影响销售的前提下，将 7～9 月可以达成的旅游服务，提前至 6 月进行。2019 年 4～6 月为第二季度，由于 4 月和 5 月销售额较低，总计为 7 万元，6 月的销售额只要不超过 23 万元，第二季度的不含税的销售额就达不到季度起征点 30 万元。

而预计 7 ～ 9 月即第三季度的销售额可以达到 35 万元，就需要按照 35 万元的 3% 进行全额缴纳增值税。

预计缴纳增值税税款 ＝ 35×3% ＝ 1.05（万元）。

V 企业的销售人员在 6 月提前对 7 ～ 9 月预计达成的旅游服务达成订单，就可以为 V 企业节省 1.05 万元的增值税税款。

对于增值税的起征点进行纳税筹划时，每月销售额保持稳定的企业只需要考虑销售额即可，受季节性影响销售额的企业，还应考虑销售确认时间的问题。

增值税小规模纳税人在进行起征点税务筹划时，还应当考虑收入的确认时间，销售业务结算方式不同，收入确认的时点不同，在实际工作中，应当结合 6.2.4 节对不同结算方式的业务进行税务筹划。合理筹划后，尽量使得平均销售额在起征点附近的小规模纳税人企业，在每个纳税所属期都能享受起征点带来的税收优惠。

对于 10 人以下小企业当中的小规模纳税人而言，增值税的起征点是一个极好的税收筹划政策，企业只需要将每月或者每个季度的销售收入控制好，便可以无须缴纳增值税。

财务总监说

6.3.2 巧用小微企业的优惠政策进行节税

关键词：小微企业

小微企业：指规模不超过国家税务机关规定的小型企业，具体是指从事国家非限制和禁止行业，且同时符合年度应纳税所得额不超过 300 万元、从业人数不超过 300 人、资产总额不超过 5000 万元等三个条件的企业。

我国近年来为了扶持小型微利企业，出台了多项税收优惠政策，涉及多个税种。

1. 增值税

《财政部　税务总局关于实施小微企业普惠性税收减免政策的通知》（财税〔2019〕13 号）中的部分规定如下：

"小规模纳税人发生增值税应税销售行为，合计月销售额未超过 10 万元 (以 1 个季度为 1 个纳税期的，季度销售额未超过 30 万元，下同) 的，免征增值税。小规模纳税人发生增值税应税销售行为，合计月销售额超过 10 万元，但扣除本期发生的销售不动产的销售额后未超过 10 万元的，其销售货物、劳务、服务、无形资产取得的销售额免征增值税。"

增值税小规模纳税人的优惠政策从原来的月销售额 3 万元（季度 9 万元），提高到现在的月销售额 10 万元（季度 30 万元），使得能够享受税收优惠的小规模纳税人比例提高了很多。

东东枪文化公司为增值税小规模纳税人，按季度申报缴纳增值税，2019 年第三季度，东东枪文化公司取得不含税销售额 300000 元，第四季度取得不含税销售额 300001 元。根据小微企业增值税的优惠政策，东东枪文化公司第三季度不需要缴纳增值税，第四季度超过税收优惠政策的范围，需要缴纳增值税 = 300001×3% = 9000.03（元）。

需要注意的是，月销售额超过 10 万元（季度 30 万元）的，全额缴纳增值税，而不是仅对超过部分缴税。

案例中的数据比较极端，销售额仅 1 元之差，税款可以相差 9000 元。在实际工作中，小规模纳税人也要对销售进行预先安排，在合法合理的前提下，不要将销售额集中到某一月份或季度，尽量使得每个月份或季度的销售额都不超过优惠金额的上限。

2. 企业所得税

《财政部　税务总局关于实施小微企业普惠性税收减免政策的通知》（财税〔2019〕13 号）中相关规定如下：

"自 2019 年 1 月 1 日至 2021 年 12 月 31 日，对小型微利企业年应纳税所得额不超过 100 万元的部分，减按 25% 计入应纳税所得额，按 20% 的税率缴纳企业所得税；对年应纳税所得额超过 100 万元但不超过 300 万元的部分，减按 50% 计入应纳税所得额，按 20% 的税率缴纳企业所得税。

小型微利企业无论按查账征收方式或核定征收方式缴纳企业所得税，均可享受上述优惠政策。本公告所称小型微利企业是指从事国家非限制和禁止行业，且同时符合年度应纳税所得额不超过 300 万元、从业人数不超过 300 人、资产总额不超过 5000 万元等三个条件的企业。"。

企业所得税的正常税率为 25%，对于年应纳税所得额不超过 100 万元的，应纳税所得额减按 25%、税率减按 20% 征收，实际综合税率减按 5%（25%×20%）征收。对于应纳税所得额超过 100 万元但不超过 300 万元的部分，应纳税所得额减按 50%、税率减按 20% 征收，实际综合税率按 10%（50%×20%）征收。因此，享受小微企业的企业所得税税收优惠，可以使得企业少缴大部分税款，对于小企业来说是非常有必要的。企业应当了解小微企业的条件，在申报时自行填写信息，符合基本条件就可以直接按照小微企业申报缴税了。

3. 教育费附加、地方教育费附加

《财政部　国家税务总局关于扩大有关政府性基金免征范围的通知》（财税〔2016〕12 号）和《财政部、国家税务总局关于对小微企业免征有关政府性基金的通知》（财税〔2014〕122 号）中相关规定如下：

"自 2016 年 2 月 1 日起，对月销售额或营业额不超过 10 万元的小微企业，免征教育费附加、地方教育费附加。"

4. 残疾人就业保障金

《财政部关于取消、调整部分政府性基金有关政策的通知》（财税〔2017〕18号）中相关规定如下：

"自 2017 年 4 月 1 日起，自工商注册登记之日起 3 年内，在职职工总数 30 人（含）以下的企业，将免征残疾人就业保障金。工商注册登记未满 3 年、在职职工总数 30 人（含）以下的企业，可在剩余时期内按规定免征残疾人就业保障金。"

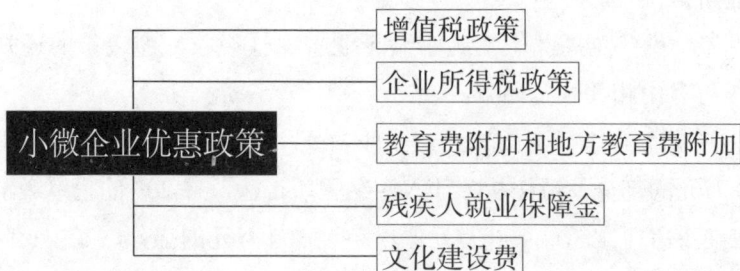

```
                            ┌─ 增值税政策
                            ├─ 企业所得税政策
        小微企业优惠政策 ──────┼─ 教育费附加和地方教育费附加
                            ├─ 残疾人就业保障金
                            └─ 文化建设费
```

5. 文化事业建设费

《财政部　国家税务总局关于营业税改征增值税试点有关文化事业建设费政策及征收管理问题的通知》（财税〔2016〕25 号）相关规定如下：

"增值税小规模纳税人中月销售额不超过 2 万元（按季纳税 6 万元）的企业和非企业性单位提供的应税服务，免征文化事业建设费。"

文化事业建设费是对提供广告业务、娱乐业务征收的，如果未达到优惠条件中的起征点，只需要申报，不需要缴纳税款。

财务总监说

　　相比于大型企业，小微企业享有更多的优惠政策，企业可以充分利用这些优惠政策进行业务拓展，逐步成为具有市场竞争力的企业。需要注意的是，由于小微企业的标准在不断变化，为了满足小微企业标准，企业应当实时查询国家对小微企业的标准的认定文件，确保企业处于小微企业优惠范畴。

6.3.3 年终奖怎么发，才能帮员工省钱

> **关键词：年终奖**
>
> **年终奖**：指企业每年度末向员工发放的奖励，是企业对员工的一种激励政策。

前面已经介绍过，企业员工的个人所得税由企业代扣代缴。员工的工资、薪金，除了每月固定发放的金额，年底通常会发放全年一次性奖金，即年终奖。在企业每月代员工申报个人所得税时，只申报了每月工资、薪金的数额，并不包含全年一次性奖金。那么，全年一次性奖金的发放应当如何计算个人所得税呢？

我国税法关于全年一次性奖金应缴纳个人所得税事项做了全面规定，在 2021 年 12 月 31 日前，有两种计算方法可以选择。一是可以选择并入当年综合所得计算缴纳个人所得税，二是选择不并入当年综合所得计算个人所得税，而是将一次性取得的全年一次性奖金除以 12 个月，得出月平均奖金金额。将综合所得税率表相应的除以 12 个月，换算为按月的综合所得税率表，按照月平均奖金金额，查找按月换算后的综合所得税率表确定适用税率和速算扣除数。

自 2022 年 1 月 1 日起，对于全年一次性奖金应缴纳个人所得税的计算，不可以选择不并入综合所得，应当并入当年综合所得计算缴纳个人所得税。

按月换算后的综合所得税率如下表所示：

级数	应纳税所得额（月）	税率（%）	速算扣除数
1	不超过 3000 元	3	0
2	超过 3000 元至 12000 元的部分	10	210
3	超过 12000 元至 25000 元的部分	20	1410
4	超过 25000 元至 35000 元的部分	25	2660
5	超过 35000 元至 55000 元的部分	30	4410
6	超过 55000 元至 80000 元的部分	35	7160
7	超过 80000 元的部分	45	15160

在 2021 年 12 月 31 日前，企业在发放全年一次性奖金时，就需要进行选择是否并入综合所得计算个人所得税，采用哪种方式能够为员工节约税款。

小王是西西谷公司的财务人员，2019 年他的每月固定工资 4000 元，在计算缴纳个人所得税时，每月可以扣除房租 800 元。2019 年末西西谷公司给小王发放全年一次性奖金 6 万元。西西谷公司应该怎样对小王的奖金计算个人所得税呢？

小王如果选择并入综合所得计算，可以扣除基本扣除金额每年 6 万元和专项附加扣除房租每月 800 元。

应纳税所得额 $= 4000 \times 12 + 60000 - 60000 - 800 \times 12 = 38400$（元）

查综合所得个人所得税税率表，可知全年应纳税所得额 38400 元，适用于税率 10%，速算扣除数 2520 元。

小王应缴纳的个人所得税 $= 38400 \times 10\% - 2520 = 1320$（元）

小王选择不计入综合所得计算，月平均奖金 $= 60000 \div 12 = 5000$（元），查按月换算的综合所得税率表，可知适用税率 10%，速算扣除数 210。

需要注意的是，这里采用月平均奖金来决定选取的税率和速算扣除数，在计算时，并不是按照月平均奖金计算，而是按照全年一次性奖金的全额来计算。

小王应缴纳的个人所得税 $= 60000 \times 10\% - 210 = 5790$（元）

西西谷公司选择将小王的元年一次性奖金并入综合所得计算个人所得税。

综合所得个人所得税税率表（居民个人适用）

级数	全年应纳税所得额	税率（%）	速算扣除数（元）
1	不超过 36000 元的	3	0
2	超过 36000 元至 144000 元的部分	10	2520
3	超过 144000 元至 300000 元的部分	20	16920
4	超过 300000 元至 420000 元的部分	25	31920
5	超过 420000 元至 660000 元的部分	30	52920
6	超过 660000 元至 960000 元的部分	35	85920
7	超过 960000 元的部分	45	181920

刘某是东东枪文化公司的项目经理，为我国居民个人。2019年每月固定工资25000元，在计算缴纳个人所得税时，每月可以扣除房贷1000元，赡养老人费用2000元。2019年末东东枪文化公司给刘某发放全年一次性奖金12万元。东东枪文化公司应该选择哪种方法，对刘某的全年一次性奖金计算个人所得税呢？

选择并入综合所得：

应纳税所得额 = 25000×12 + 120000 − 60000 − 1000×12 − 2000×12 = 324000（元）

查综合所得个人所得税税率表，可知全年应纳税所得额324000元，适用于税率25%，速算扣除数31920元。

刘某应缴纳个人所得税 = 324000×25% − 31920 = 49080（元）

选择不并入综合所得：

月平均奖金 = 120000÷12 = 10000（元），查按月换算的综合所得税率表，适用税率10%，速算扣除数210。

刘某年终奖应缴纳个人所得税 = 120000×10% − 210 = 11790（元）

刘某综合所得部分应纳税所得额 = 25000×12 − 60000 − 1000×12 − 2000×12 = 204000（元），适用税率20%，速算扣除数16920。

刘某综合所得部分应缴纳个人所得税 = 204000×20% − 16920 = 23880（元）

刘某合计缴纳个人所得税 = 11790 + 23880 = 35670（元）

东东枪文化公司应当选择不并入综合所得的方法计算刘某的个人所得税。

两个案例中，由于居民个人的收入不同、扣除不同，在进行年终奖计税方式的选择上也不同，如果企业不能够灵活选择年终奖计税方式，那么就会出现让员工多缴税的情况。

因此，在实际操作中，企业应当根据员工的个人情况，选择为员工节约税款的方式。

需要指出的是，我们在这里讨论的全年一次性奖金，指的仅仅是全年一次性发放的奖金，而不包括其他形式的奖金。

现实操作中，有些企业发放的季度奖金、半年奖金、加班奖励或是企业内部评定的优秀员工奖金等，均不属于全年一次性奖金。在计算缴纳个人所得税时，财务人员不能采用和全年一次性奖金相同的处理方式为员工做纳税申报，而是应当并入当月工资、薪金，计算缴纳个人所得税。

此外，还需要特别提醒那些不懂得财务税务的企业管理者：我国税务机关对于企业员工所得税采取的是企业代缴的方式，所以，企业申报员工收入的时候，要注意包含应缴税款和扣除应缴税款的区别，以免发生多申报的情况，给企业造成不必要的纳税负担。

财务总监说

对于全年一次性奖金的筹划，企业应当着重关注政策限制期限。自 2022 年 1 月 1 日开始，全年一次性奖金的筹划将不能采用本节所采用的筹划方法。

6.3.4　增值税的进项税额也可以加计抵扣

关键词：加计扣除

加计扣除：指企业按照税法规定，在实际发生数额的基础上，再乘以确定的比例，作为计算应纳税所得额扣除金额的税收优惠方法。

　　东东枪文化公司的老板询问会计小刘："我看兄弟公司那几家的会计都说进项税额能够加计抵扣了，咱们公司能不能使用这个好政策呢？"小刘仔细回忆了一下关于增值税加计扣除的政策，失望地告诉老板："新政策针对的是增值税一般纳税人进项税额的抵扣，咱们公司虽然属于现代服务业，但是公司属于小规模纳税人，是不可以享受这项政策的。"了解政策后的老板只能长叹一口气："哎！这政策也是，怎么不照顾照顾小规模纳税人呢！"

　　前面已经介绍过，一般纳税人企业的增值税进项税额可以用来抵扣销项税额。主要的抵扣方式主要为凭票抵扣，以取得的增值税专用发票、机动车统一销售发票、海关缴款书等作为抵扣的依据。还有一些特殊项目需要计算抵扣，例如农产品的收购。

　　进项税额抵扣销项税额时，实行一比一抵扣，也就是说，发生多少进项税额，在允许抵扣的情况下便可以抵减多少销项税额，这是我们熟悉的抵扣政策。2019年，我国税收法律法规出台了新的抵扣政策，符合条件的进项税额可以进行加计抵扣。关于进项税额加计抵扣有两条政策，一条是针对提供邮政服务、电信服务、现代服务、生活服务的企业，另一条仅仅是针对提供生活服务的企业。

　　《关于深化增值税改革有关政策的公告》（财政部税务总局海关总署公告2019年第39号）第七条规定如下：

　　"自2019年4月1日至2021年12月31日，允许生产、生活性服务业纳税人按照当期可抵扣进项税额加计 10%，抵减应纳税额。生产、生活性服务业纳税人，是指提供邮政服务、电信服务、现代服务、生活服务取得的销售额占全部销售额的比重超过 50% 的纳税人。

2019 年 3 月 31 日前设立的纳税人，自 2018 年 4 月至 2019 年 3 月期间的销售额（经营期不满 12 个月的，按照实际经营期的销售额）符合上述规定条件的，自 2019 年 4 月 1 日起适用加计抵减政策。2019 年 4 月 1 日后设立的纳税人，自设立之日起 3 个月的销售额符合上述规定条件的，自登记为一般纳税人之日起适用加计抵减政策。"

《财政部　税务总局关于明确生活性服务业增值税加计抵减政策的公告》（财政部　税务总局公告 2019 年第 87 号）规定如下：

"2019 年 10 月 1 日至 2021 年 12 月 31 日，允许生活性服务业纳税人按照当期可抵扣进项税额加计 15%，抵减应纳税额。生活性服务业纳税人，是指提供生活服务取得的销售额占全部销售额的比重超过 50% 的纳税人。

2019 年 9 月 30 日前设立的纳税人，自 2018 年 10 月至 2019 年 9 月期间的销售额（经营期不满 12 个月的，按照实际经营期的销售额）符合上述规定条件的，自 2019 年 10 月 1 日起适用加计抵减 15% 政策。2019 年 10 月 1 日后设立的纳税人，自设立之日起 3 个月的销售额符合上述规定条件的，自登记为一般纳税人之日起适用加计抵减 15% 政策。

纳税人确定适用加计抵减 15% 政策后，当年内不再调整，以后年度是否适用，根据上年度销售额计算确定。"

从上述两条优惠政策可以看出，对于符合条件的一般纳税人企业，根据经营业务不同，可以进行 10% 或 15% 的进项税额加计抵减。在计算计提的加计抵减的进项税额时，只需要用当期可以抵扣的进项税额乘以 10% 或 15% 即可。不允许抵扣的进项税额，是不能够计提加计抵减额的。如果前期已经抵扣并且进行加计抵减抵扣的，在当期进行进项税额转出时，要将抵扣的加计抵减额一并转出。

公式如下：

当期计提加计抵减额＝当期可抵扣进项税额 × 规定比例

当期可抵减加计抵减额＝上期末加计抵减额余额＋当期计提加计抵减额－当期调减加计抵减额

通过公式我们可以看到，在当期可抵减加计抵减额计算公式中，有一项为"上期末加计抵减额余额"。上期末加计抵减额余额的形成有两种情况，一种是当期在进行加计抵减之前，当期的应纳税额已经为零了，所以要将当期可抵减的加计抵减额结转到下期继续抵扣；一种是当期在进行加计抵减之前，当期的应纳税额为正数，但是小于当期可抵减加计抵减额，剩余没有在当期抵扣的加计抵减额结转到下期继续抵扣。

只有当期在进行加计抵减之前，当期的应纳税额为正数，并且大于当期可抵减加计抵减额的，本期才需要缴纳增值税，此时结转下期抵扣的数额为零，即下期计算时，"上期末加计抵减额余额"这一项目为零。

对于符合优惠条件的生产、生活性服务企业，应当合理利用这一优惠政策，对进项税额进行加计抵减，以达到节省税款的目的。

财务总监说

使用加计扣除的企业，应当严格遵守进项税额加计扣除的规则，在合法范围内运用优惠政策节税，切勿私自扩大政策范围，影响企业的纳税信用。

6.3.5　增值税的留抵税额也可以申请退税

关键词：留抵税额　增量留抵税额

留抵税额：指企业当期的进项税额大于销项税额，当期的应纳税额为零，进项税额减去销项税额的余额，为留抵税额，留作下期抵扣使用的一种做法。

增量留抵税额：指与 2019 年 3 月底相比新增加的期末留抵税额。

　　在介绍增值税计算的时候我们了解到，增值税一般纳税人当期的应纳税额，为当期的销项税额减去当期的进项税额。如果当期的进项税额大于销项税额，那么当期的应纳税额为零，进项税额减去销项税额的余额，为留抵税额，留作下期抵扣使用。

　　2019 年我国发布了留抵税额申请退税的新规定，这对符合条件的增值税一般纳税人企业来说，是一项值得关注的税收优惠。

　　《财政部　税务总局海关总署关于深化增值税改革有关政策的公告》（财政部　税务总局海关总署公告 2019 年第 39 号）相关规定如下：

　　"自 2019 年 4 月 1 日起，同时符合以下条件（以下称符合留抵退税条件）的纳税人，可以向主管税务机关申请退还增量留抵税额：

　　（一）自 2019 年 4 月税款所属期起，连续六个月（按季纳税的，连续两个季度）增量留抵税额均大于零，且第六个月增量留抵税额不低于 50 万元；

　　（二）纳税信用等级为 A 级或者 B 级；

　　（三）申请退税前 36 个月未发生骗取留抵退税、出口退税或虚开增值税专用发票情形的；

　　（四）申请退税前 36 个月未因偷税被税务机关处罚两次及以上的；

　　（五）自 2019 年 4 月 1 日起未享受即征即退、先征后返（退）政策的。

　　增量留抵税额，是指与 2019 年 3 月底相比新增加的期末留抵税额。纳税人当期允许退还的增量留抵税额，按照以下公式计算：

允许退还的增量留抵税额＝增量留抵税额 × 进项构成比例 ×60%

进项构成比例，为 2019 年 4 月至申请退税前一税款所属期内已抵扣的增值税专用发票（含税控机动车销售统一发票）、海关进口增值税专用缴款书、解缴税款完税凭证注明的增值税额占同期全部已抵扣进项税额的比重。"。

从国家税务总局发布的关于增量留抵的公告可以看出，并不是所有拥有留抵税额的一般纳税人企业都可以申请退还留抵税额。符合条件的一般纳税人企业，在申请退还留抵税额时，可未必能够全额退还，还需要乘以进项构成比例。

实战案例

西西谷公司为增值税一般纳税人，2019 年 3 月底的期末留抵税额为 20 万元，2019 年 4 月至 2019 年 9 月，西西谷公司的期末留抵税额分别为 26 万元、32 万元、23 万元、30 万元、49 万元、72 万元。

2019 年 4 月至 9 月，西西谷公司的增量留抵税额分别为 6 万元、12 万元、3 万元、10 万元、29 万元、52 万元。西西谷公司的情况符合政策规定中的第（一）条，连续六个月的增量留抵税额大于零，且第六个月的留抵税额不低于 50 万元。

假设西西谷公司符合政策规定中第（二）条至第（五）条的规定，西西谷公司 2019 年 4 月至 9 月已抵扣的进项税额为 300 万元，其中使用增值税专用发票进行抵扣的金额为 180 万元，海关进口增值税专用缴款书抵扣的金额为 20 万元，解缴税款完税凭证抵扣的金额为 40 万元，自行计算抵扣的进项税额为 60 万元。

进项构成比例＝（180 ＋ 20 ＋ 40）÷（180 ＋ 20 ＋ 40 ＋ 60）＝ 80%

西西谷公司可以申请退还的留抵税额＝（72 － 20）×80%×60%＝ 24.96（万元）

需要注意的是，进项构成比例在计算的时候，分子为剔除自行计算抵扣的已抵扣进项税额，分母为全部已抵扣的进项税额。由此可以看出，可以申请退还的留抵税额，仅包括凭票抵扣的进项税额。

自 2019 年 6 月 1 日起，我国针对部分先进制造业的留抵退税出台了新的优惠政策。部分先进制造业是指非金属矿物制品、通用设备、专用设备及计算机、通信和其他电子设备，上述制品和设备的销售额占总销售的比重超过 50%。

部分先进制造业的留抵退税政策，除了几点微小的区别外，和前述政策规定基本相同。前述第（一）条中，需要连续六个月增量留抵大于零且最后一个月不低于50万元，而部分先进制造业只需要增量留抵大于零即可。在计算允许退还的增量留抵税额的公式上也有所不同，部分先进制造业也需要乘以进项构成比例，但是不需要再额外乘以60%。除了这些区别外，其他需要满足的条件均相同。

由此可见，部分先进制造业的留抵退税政策与前述政策相比，条件宽松了，可以退税的金额也多了。存在增量留抵的企业，要先看看自身是否符合部分先进制造业的条件，再申请留抵退税。

财务总监说

留抵税额的退还在一定程度上可以缓解企业的纳税压力，促进企业的经营发展。企业应当把握政策利好，真实、合法地申请退税，将退税金额适当用于技术开发和生产经营扩大的必备环节，进一步发展本企业业务。